그럼에도 불구하고

저자 고유의 글맛을 살리기 위해 표기와 맞춤법은 저자 고유의 스타일을 따릅니다.

그럼에도
불구하고 ───

김상현

우리 집엔 가족사진이 없다.
가족사진이 없어서 엄마는 가족사진을 찍자고 그랬다.
엄마는 남들처럼 가족사진을 거실에 걸고 싶다고 했다.

엄마가 아빠가 더 늙기 전에,
우리가 더 자라나기 전에 가족사진을 찍자고 그랬다.
그런데 아직까지도 찍지 못했다.

나는 가족사진이 없다.
그래서 지갑에 넣을 사진도 없다.
덕분에 책 앞에 걸어놨다.
거실 대신 내 책에 걸었다.
가족사진.

사진을 찍던 날엔 기린이 보고 싶었다.
기린이 보고 싶다고 말을 하니까,
엄마는 그리고 아빠는 동물원을 가자고 했다.

대전엔 동물원이 없어서,
2시간을 차를 타고 전주에 있는 동물원에 갔다.
동물원에 도착해 기린을 보러갔지만,
기린은 그날 아팠다.
기린이 아파서 기린이 있는 곳이 텅텅 비어있었다.

기린을 보지 못해서 울진 않았다.
호랑이를 봐서 웃었고, 코끼리를 봐서 웃었다.
햇살이 좋아서 웃었고, 아빠의 품에 안겨 있어서 웃었다.

엄마는 그리고 아빠는,
흰색 상의와 청바지 그리고 검정 신발을 맞춰 입고 갔다.
연애 같은 결혼을 하고 계셨다.

이 책은 그들의 결혼기념일에 맞춰 나왔다.

연애 같은 결혼을 이어가는 김성우, 성윤숙 커플에게
이 책을 바친다.

김상현

그날 저녁

모조리 다 이유가 될 수 있다는 것

믿음

일주, 일

아빠를 위하여

익숙한 것들은 보통 슬픈 결말을 가져오곤 한다

망망대해

봄비

지하철

너는 첫사랑이었다가 봄이었다가 여름이었다가
사라졌다가 다시 기억되곤 한다

이런 나를 당신은 좋아하게 될 것입니다

개미슈퍼

허벅지

금요일 밤의 홍대입구는
나의 존재를 보여주기에 더할 나위 없이 좋다

수능 188일

눈

까만 눈

안녕, 월요일이야

쓸 데 없는 일

못된 사람

진심

해, 너도 그렇게 밝고 따뜻하지 말아라

그런 때가 있었습니다

마음이라는 것은 잘라내도 자라나더라고요

아닙니다 또는 맞습니다 그리고 다시 아닙니다

엄마가 울었다

결국 당신이었구나, 사랑이었구나

중임무황태

영원한 것들이 소멸해가고 있습니다

강과 바다

수 만 번 계산하고 썼다 지워도
당신은 여전히 그 자리 그대로 계셨습니다

파도

춘분

손톱

2017, 어느 봄

2017, 가을 어디쯤

모든 건 때가 있는 법이다

우리 미워하는 건 대충합시다

꿈에 관하여

의미

함께할 수 있을 때 전해야 합니다

아름다움

축하

나

불행

사기꾼

눈치

모순

목이 막혔다

행복

상현엄마

김상현

그럼에도
불구하고

정확하게는 64개의 눈동자였다.

아니, 지긋하게 바라봐주시는 그럴 수 있다는 눈빛을 보내고 계신 경험 많은 여선생님의 눈동자까지 합치면 66개의 눈동자였다. 영어 시간이었고, 급식차가 교실을 벗어난 지 얼마 되지 않아 교실엔 급식 냄새가 물씬 풍기며 5교시를 알렸고, 월드컵 열기에 힘입어 점심시간 동안 열정적으로 축구를 하다가 온 친구들의 땀 냄새가 섞여 있었고, 66개 눈동자의 초점은 가슴 한가운데 "BE THE REDS"라고 어마무시한 크기로 휘갈겨 쓰여진 새빨간 티셔츠를 입고 있는 나를 향하고 있었다. 심장이 귀에 달렸나 싶을 정도로 쿵쾅거렸을뿐더러 얼굴은 티셔츠 색깔만큼이나 빨개졌다. 아찔했다. 시야는 좁아졌고 알파벳이 눈에 들어오는데 입은 떨어지지 않았고 그러다 눈이 뿌예졌다. 눈에 물이 넘칠 듯이 차오르더니 곧장 흘러내렸다. 눈물이 흘러내리자 알파벳으로 막혀있던 목구멍에선 흐느낌과 함께 울음소리가 혓바닥과 목 사이 곳곳에서 흘러나왔다.

그랬다. 영어 시간에 선생님께서는 영어책을 읽어보라며 발표를 시켰고 나는 영어책을 읽다가 울어버렸다. 그 정도였다. 부끄러움과 소심함은 온전히 나를 꾸며주는 말이었으니까. 어떤 날엔 담임선생님이 "어머니는 요즘 바쁘시니?"라는 질문에 울어버린 적도 있다. 자전거를 타다가 엄마가 보고 싶어져서 울었던 적도 있었고. 가장 좋아했던 여자아이가 지우개똥을 던졌다는 이유로 울어버린 적도 있었다. 눈물이 유독 많았고 지독하게 여리고 소심한 존재였다.

유독 눈물이 많았던 또 지독하게 여리고 소심한 존재였던 그 시절엔 보도블럭을 연속해서 같은 모양대로 밟으며 등굣길 거리를 완주하게 되면 그날 하루의 운이 좋을 거라고 생각했었다. 그래서 같은 모양대로 연속해서 몇 번을 밟으면 그날의 운이 좋을 거라는 내가 주최하고 주관하는 '오늘의 운 경연대회'에 꽤 많은 횟수를 출전했다. 규칙도 심판도 선수도 없다. 오직 나밖에 없다. 난 언제나 럭키가이였고. 그날 운은 좋다는 결과밖에 나올 수 없었다. 같은 모양대로 밟지 않게 되면 "이건 무효야, 다시."를 외치면 됐으니까. 어떤 날엔 "이건 무효야, 다시."라고 외치지 않고 단 한 번의 시도로 같은 모양의 보도블럭을 밟게 된 적도 있었는데, 그런 날은 운이 정말 좋았다. 지금 와서 생각해보면 단순하게도 같은 모양의 보도블럭을 연속해서 밟았다는 이유로 기분이 좋아졌고 기분 좋은 상태로 모든 걸 임해서 그랬던 것이라고 생각이 되는데, 아무튼 그런 날이면 피카츄 모양의 돈까스도 더욱 맛있었고 유독 포켓몬이 그려진 빵에 들어있는 스티커도 희귀한 캐릭터가 나왔으니까 그렇게 생각할 만도 했다.

발 크기가 보도블럭 하나 모양만큼 꽉 차게 됐을 때(내

발은 280mm다), 나는 더이상 보도블럭을 같은 모양대로 밟는 행동은 하지 않았다. 보도블럭 모양엔 신경 쓸 겨를이 없었고. 하루의 운은 내가 정하는 게 아니라는 걸 알았을뿐더러 이미 많은 사람들이 내 인생 안에 헤집고 들어와 그날의 내 기분을 망치기도 또 좋게 만들기도 했으니까. 지금의 나는 어떠한 일을 할 때에도 어떤 행동을 하더라도 돌이킬 수 없다는 것을 알아버리고 말았다. 그래서 더욱 두려움을 느껴버려서일까. 정말로 사소한 것들이 잘못된 경우에도 그날 전체의 운을 통틀어서 지레짐작해버리곤 아예 아무것도 하지 않은 날도 많았다. 그런 날들이 많아졌다. 해보지도 않고 판단을 하는 일. 작고 사소한 일들이 꼬였다고 해서 그 전체가 꼬여버릴 것 같다고 생각을 하는 일. 누군가 내 기분을 나쁘게 했다고 해서 나의 소중한 하루를 망쳤다고 생각을 하는 일.

유독 여리고 소심했던 터라 사소한 모든 것들에 대해 의미부여를 했고 의미부여를 하며 혼자 아파했고 혼자 아파하며 혼자 아프다고 서러워했다. 결국, 내가 나를 아프게 만들었던 것인데, 그 이유와 답을 밖에서 찾으려 무던히도 노력하며 혼자 서러워했던 시절이 있었다.

그날
저녁

그럼에도
불구하고 ———

하루의 끝을 향해 달리는 지하철에선,
일년마다 찾아오는 기념일을 축하하기 위해
케익을 들고 가는 사람도.
어떤 이야기로 안주 삼았는지, 잔뜩 취해버린 사람도.
여전히 남아버린 수능 날짜에
영어단어와 씨름하고 있는 사람도.
헤어지기 아쉬워 서로를 꼭 끌어안고 있는 사람도.
고된 하루를 견뎌낸 게 칭찬하고 싶을 정도로
꾸벅꾸벅 졸고 있는 사람도.
있다.
모두 다 있다.
하루도 지나갔다.
하루 더 지나갔다.
내일이면 괜찮아질 것이라는 믿음이 다가오고,
어제했던 믿음도 지나갔다.
그래, 오늘 하루도 우리 모두들에게
꽤나 괜찮은 하루였다.
누구라도 힘껏 축하해줄 수 있는 날이었다.
지독하게 사랑할 수 있는 날이었다.
정성을 다해 행복을 빌어줄 수 있는 날이었다.
난 마음을 다했기에 저녁을 굶었다.

모조리
다

이유가
될 수 있다는 것

그럼에도
불구하고 ———

비 오는 날 우산이 없어도 괜찮다는 것.
옅은 회색 카라티가 진한 검정색으로 변했지만,
눈물이 나지 않아 다행이라는 것.
시를 읽을 수 있는 눈과 마음이 있다는 것.
노래가 흘러나와 흥얼거릴 수 있다는 것.
서울로 가는 기차엔, 옆자리가 비어버려서
가방을 올려놓을 수 있다는 것.
견딜 하루가 남았다는 것.
행복해질 이유가 수두룩하다는 것.
오늘 스쳐 간 구름과 나무와 사람을
다시 볼 수 있을지도 모른다는 생각이 드는 것.
아직 살아있다는 것.

믿음

그럼에도
불구하고 ———

세상에서 내가 가장 슬픈 것 같고 세상 모든 슬픔과 우울은 나에게만 찾아오는 것 같다. 심지어 다른 사람의 슬픔과 우울, 아픔까지도 내가 끌어모으고 있는 중인 것 같다. 그렇게 믿고 있었다.

과연 믿음이란 얼마나 중요한 것인가.

축구를 하다가 전방십자인대와 반월상 연골판이 완파되어 재활치료를 받을 때였다. 수술 특성상 수술 후에 회복을 위해 다리를 두 달여간 굽히지 못하고 깁스 상태에서 피고 있어야 하기 때문에 다리가 완전히 펴지는 것과 구부리는 데에 꽤나 오랜 시간이 걸린다. 또 그동안 운동을 못 하게 되고 한쪽 다리만 쓰게 되니 근육도 다 빠지게 돼서 걷는 것뿐만 아니라 활동에 제한이 된다. 따라서 재활운동이 필수였다. 오른쪽 무릎이었고 다리는 운동을 하지 않으면 다른 사람들보다 나이가 들어서 고생한다는 소리에 정말 열심히 했다.

어느덧 시간이 지나서 다리도 슬슬 굽혀지고 근력도 꽤 붙었다고 생각했지만. 재활이 한창인 나는 아직까지도 계속 절뚝절뚝 걸었고. 언제쯤 나아지는 건지 낫기는 하는 건지에 대한 의문과 의구심이 들기 시작했다.

절뚝인생 3개월 8일 차인 나는 그날도 어김없이 재활에 전념하고 있었고 재활운동 도중에 나를 담당해주시고 계신 물리치료 선생님과 대화를 나누게 됐다. "선생님 저 아직도 절뚝거리는데 이거 영영 못 걷게 되는 거 아니겠죠?"라며 내 의구심을 조금 풀어내 질문에 섞어 여쭤보았다.

선생님은
"어? 상현씨 지금 이 정도 근력이랑 이 정도 각도로 다리 구부러지면 절뚝이지 않고 정상적으로 걸으실 수 있으실 텐데, 어디 불편하세요?"
라는 답변을 남기셨다.

"아니... 불편한 건 아니고…."
"상현씨 그게 상현씨가 상현씨 다리를 못 믿어서 그런 거예요. 오른쪽 다리를 몇 개월간 제대로 안 쓰다 보니 오른쪽 다리를 믿지 못해서 체중을 못 싣게 되니 그런 것 같아요."
"그럼 체중을 다 싣고 걸어도 되는 거예요?"
"네 그럼요 걸으실 수 있어요, 분명."

믿음의 답변이 왔다. 그렇게 오른쪽 다리를 믿고 체중을 실었고 나는 3개월 8일 만에 정상인의 걸음걸이를 보일 수 있었다.

다시 한번 묻는다. 여전히 세상에서 내가 가장 슬픈 것 같고 세상 모든 슬픔과 우울은 나에게만 찾아오는 것 같고 심지어 다른 사람의 슬픔과 우울 아픔까지도 내가 끌어모으고 있다고 생각하는지.

일주, 일

그럼에도
불구하고 ————

짧게 자른 머리가 다시 길어지는, 일
나무가 자라나는, 일
쌀알이 밥풀로 변하는, 일
여름이 겨울로 바뀌어 가는, 일
당신을 서서히 덮어가는, 일
내가 할 수 없는, 일
모두 다 시간의 몫.
육 일을 그리워하고
하루를 우는, 일

아빠를
위하여

그럼에도
불구하고 ———

아프지 않던 사람이었다.
아픔과는 거리가 먼 사람이라고 생각했다.
그는 항상 나에게 그런 사람이었다.

누구보다 강했으며, 듬직했고 뜨거웠고 무엇보다 모든 걸 짊어지고도 거뜬히 걸어갈 수 있던 사람이라고 생각했다. 그러나 너무 많은 것들을 짊어지고 오랫동안 걸어왔던 탓일까, 이마엔 노동의 흔적이 가득 자리 잡아 여러 결을 이루게 되었고 결과 결 사이엔 또다시 깊은 흔적들이 자리 잡게 되었다. 그는 그것이 세월의 훈장이라며 웃어넘기곤 했으나, 나는 그 흔적들을 바라볼 때면 괜시리 미안해졌다. 노동의 흔적과 미안함이 버무려진 흔적들을 따라 내려오면 이마 아래쪽엔 또 다른 흔적도 있었다. 눈썹과 눈썹 사이, 그를 쳐다보는 어리고 맑은 똘망똘망한 눈들 덕분이었을까. 기분 좋은 주름이 잡혀 있게 됐고, 그 눈들이 그를 향할 때마다 그 흔적들은 더욱 깊어졌다. 그의 얼굴엔 기분 좋은 주름이 깊어진 것인지. 어쩌면 그래도 힘내보자며 고된 풍파에 맞선 흔적들이 깊어진 것인지는 모르겠으나. 알 수 없는 시큰한 주름들이 얼굴 곳곳에 더욱 깊숙하게 자리 잡아 가고 있었다. 그런 흔적들이 깊어지는 동안, 세월은 그를 잊지 않았고 그를 기억할 때마다 그의 몸 곳곳에 희고 아픈 것들을 심어놓았다. 나는 그런 그를 볼 때면 눈물과 웃음이 섞여 나왔다.

삼겹살은 우리 가족의 어떤 습관이었다. 외식을 하는 날이면, 굳이 메뉴를 고르지 않아도 암묵적으로 삼겹살집으로 향했고, 주말이면 낚시를 좋아하는 그를 따라 강가 근처에서 삼겹살을 구워 먹기도 했다. 그는 삼겹살의 오돌뼈를 무척이나 좋아했는데. 우리가 자주 가던 삼겹살집에선 단골인 그를 위해 오돌뼈를 따로 내주었고, 자주 가는 정육점에서는 오돌뼈가 많은 부위를 그를 위해 남겨둘 정도였으니까. 그가 얼마나 오돌뼈를 좋아하고 찾았는지에 대한 설명은 생략하겠다. 그런 오돌뼈는 언제나 그를 위한 것이었으나. 나와 동생이 점점 커가며 치아가 튼튼해지자 오돌뼈의 맛을 알게 되었고, 그의 식취향까지 빼닮은 나와 동생 그리고 그는 삼겹살을 먹을 때면 우리 가족의 외식은 거의 전쟁터와 다름없을 정도로 언제나 오돌뼈를 먹기 위한 젓가락 싸움이 벌어지곤 했다. 오돌뼈만 골라서 먹기도 하였을뿐더러, 좋아하는 그것을 뺏겼을 때의 서로의 아쉬움을 표현하는 방법들이 우리를 행복하게 만들어 주었다. 내가 먼저 오돌뼈를 집어 먹었을 때 그가 짓던 서운한 표정은 아직도 잊을 수 없을 정도였으니까.

그는 번듯한 양복을 입고 옷을 판매하기도 했다. 백화점에서 있었던 일들을 늘어놓을 때면 그의 어깨는 자연스럽게 솟아올랐다. 남다른 패션에 대한 센스와 그의 호탕하고 유쾌한 성격으로, 그때 당시 매장 매출이 최고를 찍었다는 말을 하곤 했다. 그때 맺은 인연들이 아직까지 이어진다는 말이 덧붙여질 때면, 솟아오른 어깨 위로는 그의 치아가 돋보이는 미소가 활짝 피곤했다. 그 덕분인지 언제나 그는 패션에 대한 자부심이 가득했는데, 사실 내가 볼 때 그의 패션은 그리 좋은 편은 아닌 것 같다. 아빠 미안. 그러나 그의 남다른 패션 센스 덕분에 매장 매출은 최고를 찍었지만 백화점 사정은 그리 좋지 않았는지, 백화점은 문을 닫게 되었고 솟아올랐던 그의 어깨 역시 축 처졌다.

허나 짊어지고 있는 것들이 너무 많아, 언제까지나 축 처져 있을 순 없었다. 그는 그렇게 여름이면 햇빛을 가장 많이 받아 제일 더워했으며, 겨울이면 바람을 가장 많이 맞아 제일 추워했던 나날을 공사판에서 보내기도 했다. 그때의 그의 얼굴은 잘 기억이 나지 않는다. 전국을 돌아다니며 일을 했던 터라. 짧게는 한 달, 길게는 세 달까지 보지 못했으니까. 그의 얼굴이 뚜렷하게 기억나진 않지만, 그가 그런 시간을 보내고 올 때마다 어딘지 모르게 더욱 마른 모습과 더욱 깊게 패인 주름들이 뚜렷하게 떠오른다. 그런 모습 때문이었을까. 우리의 오돌뼈 전쟁은 잠시 휴전 상태에 들어갔고, 동생과 나는 그에게 소중한 오돌뼈를 양보했디. 오돌뼈를 양보할 때미다 키가 한 뼘씩 커졌던 우리를 보고, 그는 다른 일을 구해야겠다는 생각을 한 모양인지. 공사일을 그만두었고 며칠을 집에서 우리와 함께 스타크래프트를 즐기기도 했다. 그리고 그는 택시를 운전했다. 덕분에 집에서 함께 했던 시간이 길어지긴 했지만, 그의 밤낮이 바뀐 터라. 우린 서로가 서로의 잠든 모습을 마주하며, 출근길로 또 등굣길로 각자의 길을 나서곤 했다. 택시 기사로 일을 하며, 우리 가족은 삼겹살을 먹는 횟수가 줄어들기 시작했다. 공사일보다는 적은 돈을 받기 때문이었는데, 세상 물정 모르는 나와 동생도 밤이면 그와 그가 가장 사랑하는 여자의 언성이 높아져만 가는 모습을 보고 느낄 수 있었다. 돈은 그런 존재였다. 사랑하는 사람들을 예민하게 만들었다, 다투게 만들었다, 괴롭게 만들었다. 삼겹살을 먹지 못하는 건 참을 수 있었지만, 그런 모습들을 마주하는 건, 그런 목소리를 듣는 건 너무도 슬펐다. 내가 아무것도 할 수 없다는 사실이 화가 나기도 했다. 그들의 목소리는 한참을 높아지다가, 이내 다시 가라앉았다. 지금에 와서야 들은 이야기지만, 엄마는 그때 그가 벌어온 돈으로는 생계가 이어지지 않을 정도라고 말씀하셨다. 덧붙여 그럼에도 불구하고 그 생활을 버틸 수 있던 이유는 이 생활이 결국 해피엔딩으로 마무리될 것이라는 믿음이 있었기 때문이라고 말씀하셨다. 역시나 사랑은 서로를 감싸주었다. 그리고 그는 택시 운전대를 내려놓고 다른 운전대를 잡았다.

이제 그는 택배 아저씨로 불리우는 삶을 살아가고 있다. 그런 삶이 10년이 넘었고, 행복 전도사가 아닐까 싶을 정도로 요즘엔 행복하다는 말을 끊임없이 외친다. 내가 알고 있는 사람 중 가장 행복한 삶을 살고 계신 게 분명

하다. 웃음 많은 택배 아저씨로 또 성격 좋은 택배 아저씨로 불리우곤 한다며, 자랑을 하는 그의 모습을 볼 때면 나도 덩달아 웃음이 났다. 그런 그를 보면 이제는 웃음 짓게 된다. 행복함이 묻어나온다. 나는 그를 존경하고 사랑하는 게 분명하다.

25년이었다. 지금의 행복을 위해서 쓰러질 것 같을 때마다 이를 꽉 깨물고 버틴 탓일까. 치아는 약해졌고 오돌뼈를 그토록 좋아했던 그가 이제는 오돌뼈를 양보한다. 젓가락 싸움은 더이상 벌어지지 않는다. 휴전으로 이어지던 전쟁은 이제 끝났다. 오돌뼈가 내 앞접시에 올려질 때마다, 그가 약해짐을 인정하는 것만 같았고 약해짐을 인정하는 그가 유독 쓸쓸해 보였다. 분명 행복한데 어딘가 모르게 마음 한 켠이 아파왔다.

마음이 아픈 것들이 걱정으로 이어졌고, 치과에 다녀오라고 말씀을 드렸다. 그와 50여 년을 함께 했던 치아는 이제 제대로 된 기능을 하지 못해 임플란트를 해야 한단다. 어금니는 이미 빠진 지 오래였고, 빠지지 않았던 사랑니가 어금니 역할을 대신하고 있었다. 치아는 이미 심각한 상태였다. 임플란트와 더불어 치아를 치료하는데 들어가는 비용은 거의 1000만 원에 가까운 금액이었다. 집안 사정으로는 당장에 해결할 수 없는 참 크나큰 비용인 게 분명했다. 그는 치료가 필요 없다고 했다. 지금 불편한 게 없다고 말을 했다. 치아가 좋지 않아, 남들보다

식사시간이 두 배로 들면서 불편하지 않다고, 그는 그런 말을 계속 되뇌었다. 같이 차를 타고 오는 동안 다시 한번 임플란트에 대한 이야기를 꺼냈다. 그는 임플란트에 대한 이야기를 꺼낼 때마다 침묵으로 대답했다. 비용 때문일 것이다. 돈 때문일 것이다. 비싸서 그럴 것이다.

나는 그런 그를 위해 또 그가 나를 위해 살아왔던 것에 비해 턱없이 모자란 돈이지만 임플란트 비용을 드리기로 했다. 내 손으로 벌게 된 큰돈이었지만, 그 돈은 나를 응원해주고 평생 내 곁을 지켜주며 머물러준 그의 몫임이 분명했다. 허나 그는 그런 사람이었다. 항상 베푸는 걸 좋아하는 사람이었고, 그에게 소중한 사람들에게 헌신적인 그런 사람이었다. 또 자존심이 강했으며, 누군가에게 도움을 주는 걸 즐겨하는 편이었지 다른 사람에게 도움을 받는 걸 싫어했다. 그런 그의 성격을 누구보다 잘 알고 있기에 안 받으시면 어쩌나 했지만, 그가 돈을 받았다. 그는 고맙다고 했다. 무언가 해드릴 수 있어 기쁜 날이었는데. 그의 약해진 치아 때문일까 아니면 점점 무언가를 인정하게 되는 모습 때문일까. 이상하게도 슬퍼서 눈물을 조금 흘렸다.

그가 정말로 행복했으면 좋겠다. 이제까지 나의 행복을 위해 살아온 그가 이제는 그의 행복을 위해 살아갔으면 좋겠다. 조금 더 자랑스러운 아들이 되고 싶다. 평생을 그에게 사랑한다고 존경한다고 말하고 싶다. 나는 그와 다시 한번 오돌뼈를 놓고 다투고 싶다. 그가 평생을 나에게 그랬듯이 나 역시도 그의 모든 삶을 응원할 것이다. 그런 그는 이 글을 안경을 벗고 기분 좋은 미간을 찌푸리고 볼 것이다.

오늘은 나의 슈퍼맨 김성우 씨가 보고 싶다.

익숙한 것들은

보통
슬픈 결말을
가져오곤 한다

그럼에도
불구하고 ────

"나는 당신한테 어떤 사람이야?"
"다 안다고 생각할 때마다 더 알고 싶어지는 사람이야."

그런 말을 했던 적이 있다. 모든 모습을 사랑한다고 외쳤던 적이 있다. 모든 것이 사랑이라 말했던 적이 있다. 당신을 다 알고 있다고 생각했던 적이 있다.

바닐라라떼를 좋아한다. 예쁜 모습으로 사진 찍히는 걸 좋아한다. 아니, 그것보다 좋은 풍경을 찍는 걸 더 좋아한다. 웃음이 많다. 그 웃음은 참 예쁘다. 반숙된 계란 노른자를 싫어해 볶음밥을 먹을 때면 계란후라이 가운데 동그란 구멍이 뚫리곤 한다. 파도 싫어해 국 종류의 음식을 먹을 때면 내 입에선 파 냄새가 두 배로 나기도 한다. 오이도 싫어해서 김밥을 먹을 때면 오이를 빼줘야 한다.

다 안다고 생각했다. 하나하나 알아갈 때마다 당신을 채워가는 것이라 생각했다. 알아갈수록 나는 당신에게 기고만장해버렸다. 나는 당신에게 더욱 겸손해야만 했다. 익숙하고 편한 것들이 나의 태도를 망쳤다. 당신은 그게 싫었고. 나는 그걸 싫어하는 당신을 좋아하지 않는다 생각했다. 사실 우리는 여전했던 것인데, 채워졌다는 이유로 배불러 하고 당신을 설렘과 거리가 멀어졌다고 단정 지어버렸다.

사랑은 왜 그런 것일까.

왜 그토록 가깝다고 생각할수록 멀어지는 것일까.

요즘은 그렇다.
나는 당신을 떠올릴 때마다
이별과 어울리는 사람이라는 생각이 들기도 한다.
나는 그랬어야 한다.
당신을 다 안다고 생각할 때마다
당신을 더 알고 싶어 했어야만 했다.

익숙한 것들은 보통 슬픈 결말을 가져오곤 한다.

그럼에도
불구하고

망망
대해

그럼에도
불구하고 ───────

어떤 삶이든 괜찮을 것이라 생각했다. 태어나서 단 한 번도 나의 환경 탓을 해보지 않았다고 자부할 수 있다. 나를 낳아주신 부모님에게 감사함에 사무치며 살아간다. 끊임없이 도전하는 것이 아름답다는 것을 깨닫는다. 세상이 정말로 넓디넓어서 배울 것도 볼 것도 겪을 것도 만날 사람들도 정말 많다고 생각한다.

망망대해 속 한 마리 물고기로 태어났으니
드넓은 바다를 전부 헤엄치고 다니고 싶다.
헤엄치며 가오리도 만나
당신은 왜 그 큰 날개를 가지고
하늘이 아닌 바다에서 헤엄을 치는지 물어볼 것이다.
헤엄치며 고래도 만나
물 밖의 공기는 어떤지
당신도 그렇게 커다란 존재인데
세상은 얼마나 넓은지 배울 것이다.
헤엄치며 새우도 만나
굽히는 삶에 대하여 배울 것이다.
그렇게 자라날 것이다.

나도 넓은 바닷속 한 마리 헤엄치는 물고기로 태어났으니. 또 다른 드넓은 바다를 헤엄치는 다른 물고기에게 헤엄치는 건 재밌는 일이라고 삶을 사랑하라고 바닷속 저 깊은 심해부터 해수욕장까지 다양한 환경과 삶들이 펼쳐져 있다고 끊임없이 도전하라고 삶의 끝자락에서 그래도 행복했다고 느낄 수 있는 삶을 살았으면 좋겠다고 말해주고 싶다.

세상이 너무 아름다우니까 당신은 더욱 아름다워지라고, 망망대해를 여기저기 누비며 다니라고 꼬옥 말해주고 싶다.

봄비

그럼에도
불구하고 ———

별자리는 무엇입니까.
혈액형은 어떻게 되시고요.

당신의 첫 질문이었습니다. 나는 별자리에 관한 궁합도 혈액형에 의한 성격도 믿지 않는 편입니다만, 당신의 질문과 나의 대답. 그리고 다시 펼쳐진 A형인 나와 O형인 당신은 서로 잘 맞을 거라는 말. 그 말 앞에 믿지 않는다는 것들은 싹 다 녹아내렸습니다.

그렇습니다, 우린 정말로 잘 맞는 사이가 되었으니까요. 그렇게 여름과 가을, 겨울을 보내고 봄을 맞던 날. 당신은 당신의 추운 날들을 지켜주던 두꺼운 겉옷을 벗어 내리듯이 저를 털어버리곤 더 따뜻한 곳으로 가버리셨습니다. 저는 항상 당신을 따뜻하게 만들어드리고 싶었습니다. 겨울의 난로 같은 존재이고 싶었습니다. 당신의 따뜻한 모습을 보는 것이 저의 전부였으니까요.

그러나 당신은 난로보다 따뜻한 봄 햇살이 비추자 떠나가셨습니다. 괜찮습니다. 당신이 더욱 따뜻하셨으면 좋겠습니다. 이번 봄에는 봄비가 자주 내립니다. 봄 햇살이 구름에 가려 날이 조금은 쌀쌀하다 싶을 때면 당신이 춥지는 않을까 조금은 걱정이 됩니다. 비가 옵니다. 이제는 오고 가지 않을 당신과 나의 시시콜콜한 대화가 그립습니다.

봄비의 반대편에 계셨으면 좋겠습니다.
행복했으면 좋겠다는 말씀입니다.
봄비 오는 날, 당신의 행복을 빌고 있겠습니다.

그럼에도
불구하고 ─────

지하철

그럼에도
불구하고 ─────

지하철에 타면요. 저는 참 바빠집니다.
책을 읽는 날도 있지만, 대개는 사람을 봅니다.
많은 사람들을 봅니다.

아, 지금 이 글을 쓰는 순간에 제 옆에 앉은 남자는 꽃과 케익을 들고 있습니다. 좋은 날인가 봅니다. 전하지 못했지만, 행복했으면 좋겠습니다. 또 제 앞자리엔 '주식 대박'이라고 크게 쓰여진 책을 들입다 보고 계신 남성분이 계시네요. 대박 나셨으면 좋겠습니다. 대박이 난다면 저도 지분이 조금은 있을 것이라 생각합니다. 제가 기도빨이 조금 있거든요.

글을 적는 순간 왕십리역에 다다랐습니다.

왕십리역엔 사람들이 참 많이 오르고 내립니다. 그런 모든 사람들이 행복했으면 좋겠습니다. 참 간절하게도 바라는 일입니다. 이 글을 읽고 계신 당신이 누군지 저는 짐작조차 할 수 없습니다. 어떤 모습으로 읽고 계시는지 아무렴 상관없습니다. 저는 그저 당신의 온전한 행복을 바랄 뿐입니다.

너는
첫사랑이었다가
봄이었다가
여름이었다가
사라졌다가

다시
기억되곤 한다

그럼에도
불구하고 ─────

기억한다. 겨울을 갓 넘어서고 있던 날에는 입김이 짧아지고 꽁꽁 싸매고 걸치고 있던 것들을 하나둘 풀어놓는다. 옷만 풀어놓는 것이 아니라, 마음도 풀어놓는다. 마음을 풀어놓으니 그 자리에 사람이 들어온다. 따뜻한 건 어쩌면 날씨가 아니라 나를 안아줄 사람이 있다는 사실과 그런 사람이 생길 것이라는 생각 덕분일 것이다.

그래, 나에게도 영원할 것이라 믿었던 봄이 있었다. 꽁꽁 얼어있던 마음을 풀어 놓자 마음 한 켠에 햇빛 한 움큼이 들어와 버렸던 순간이었다. 따뜻했고 싱그러웠고 아늑했고 포근했고 참 예뻤다. 그 아일 보면 봄이 떠올랐다. 다가오는 계절 역시 봄이었던 탓인지는 모르겠지만, 내 인생에서 그 아인 봄처럼 등장했다. 그 봄에게 처음 말을 걸던 순간엔 잠깐이었지만 여름이었다. 얼굴이 발갛게 달아올랐고 온몸 구석구석에선 땀이 났다. 생각해보니 그 봄과 함께한 모든 순간은 여름이었다. 봄과 함께한 여름은 가장 추웠던 날을 이겨내 얻은 여행 같았고 여행엔 언제나 끝이 있었다.

아, 그 애의 소매 가락에는 항상 봄을 떠올리게 하는 향기가 났다. 여행의 끝에서 나는 향기가 나던 그 아이의 소매를 붙들고 다음 계절을 맞이하려 했지만 그 아인 단풍이 물들자 사라졌다. 짧았던 봄과 여름이었다. 하지만 나는 그 아일 영원히 기억한다.

그토록 아련하고 짧은 순간이었지만
그 아인 봄이었다, 봄.
영원할 것 같았지만 찰나였던 그 아일
나는 그렇게 기억한다.

너는 첫사랑이었다가
봄이었다가 여름이었다가 사라졌다가
다시 기억되곤 한다.

그럼에도
불구하고 ────────

이런 나를
당신은
좋아하게
될 것입니다

그럼에도
불구하고 ─────

나는 사랑을 잘 못하지만, 사랑을 좋아하는 편입니다. 이별엔 익숙하지 않지만, 종종 이별을 하는 편이구요. 사람에게 상처받지만, 이따금씩 위로를 받기도 합니다. 긍정적으로 생각하는 편입니다만, 모난 구석이 있어 울컥할 때도 있어요.

나는 이래요.
특별할 것도 없는 편이고 가진 게 많지도 않습니다만, 당신을 좋아하는 마음 한가득 들고 있습니다.

그리구요, 나는 생각보다 밝지 못한 사람입니다. 긍정적이려 노력하지만, 부정의 끝에서 기웃거릴 때가 많습니다. 차분하고 조용해 보이지만 시끄럽고 떠드는 것을 좋아합니다. 고민을 들어주는 것을 좋아하지만 내 삶 자체도 고민이라 가끔 너무 많은 고민에 지쳐있기도 합니다. 보여지는 건 중요하지 않다고 말하며 머리에 왁스를 바르고 있습니다. 본질을 사랑했으면 좋겠다고 말하며 향수를 뿌리고 있습니다. 지금까지 이뤄온 게 없다고 말하며 만들어낸 결과물에 스스로 자부심을 느끼기도 합니다. 겸손이라 말하며 자랑을 즐깁니다. 이런 모습들을 가식적이라 생각하는 나입니다. 적어도 몇 개의 가면을 쓰고 있는 나입니다. 어떤 상황을 접하고 어떤 사람을 만나느냐에 따라 나는 목소리도 태도도 달라집니다. 일관성과는 거리가 멉니다.

이런 나입니다.
내 본모습입니다.
이런 모습들까지 말씀드렸으니
진심도 하나 건네겠습니다.
예쁜 걸 좋아하고 당신을 좋아합니다.
당신을 만나면 가면도 쓰지 않게 됩니다.
가식도 사라집니다.
더 크게 웃어버립니다.
일관성 있게 당신을 좋아합니다.
꾸준할 예정이고요.
이런 나를 당신은 좋아하게 될 것입니다.
뜨거운 여름입니다.
더욱 뜨거워질 우리가 될지 모르겠습니다만,
마음 적어놓고 갑니다.

그럼에도
불구하고 ———

개미슈퍼

그럼에도
불구하고 ―――――

저희 동네에는 개미슈퍼라는 가게가 있습니다. 이것저것 판매를 하는 곳인데요. 고딕체로 쓰여진 개미슈퍼 간판은 밤이 되면 빨간빛과 초록빛이 어우러져 밤을 밝힙니다.

그런데 말이죠. 일주일 전부터였을 겁니다. "개미슈퍼"라는 단어 중에 'ㅣ'자와 'ㅍ'자에 불빛이 들어오지 않게 됐습니다. "개ㅁ슈ㅓ" 이런 모양으로 빛이 들어오게 된 것이죠. 그렇지만 사람들은 밤에도 그 슈퍼에 가서 필요한 물건을 사고 주인아저씨와 대화를 나눕니다. 밤이면 간판에 불이 들어오지 않아 온전한 "개미슈퍼"가 아닌데도 불구하고 말이죠.

우리는 간혹 어떤 일을 하게 되면서 무엇인가를 잃게 되기도 하고 무엇인가를 포기해야 하는 경우가 생기기도 할뿐더러 엄청난 노력을 했음에도 빛나지 못하게 되는 경험을 겪기도 합니다. 이런 과정들을 모두 합쳐 실패라고 해봅시다. 그렇다면 실패를 한다고 해서 나는 더이상 내가 아닐까요.

그러니까 제가 말씀드리고 싶은 것은 개미슈퍼가 하는 일에 관한 것입니다. 아무리 개미슈퍼의 간판에 불이 들어오지 않더라도 또 개미슈퍼의 간판이 떨어지더라도 개미슈퍼는 개미슈퍼일 것입니다. 계속해서 이것저것 판매를 할 것이고 동네 사람들은 주인아저씨와 도란도란 대화를 나눌 것입니다.

다만 개미슈퍼가 더이상 장사를 하지 않는 경우 그리고 개미슈퍼가 세탁소로 바뀌게 되는 경우에 더이상 개미슈퍼가 아니게 되는 것이겠죠. 아무리 많은 실패와 빚을 보지 못하더라도 당신은 당신으로 존재한다는 말입니다. 하려는 일들이 잘 되지 않는다고 해서 내가 노력한 만큼 결과가 따라주지 않는다 해서 나를 너무 다그치고 나무라고 나를 믿지 않는 행동은 하지 않았으면 좋겠습니다.

본질은 당신입니다.
저는 당신을 끝까지 믿겠습니다.
그러니 당신도 당신을 끝까지 믿었으면 합니다.

허벅지

그럼에도
불구하고 ————

허벅지가 두꺼워요.
바지를 살 때 허리에 사이즈를 맞추면
허벅지가 터질 것 같아서
2치수 큰 사이즈를 사곤 합니다.

그런데 그러면 허벅지는 맞아 떨어지는데
허리가 너무 커서 허리띠로 꽉 조이곤 합니다.
그냥, 바지를 입다가
허벅지에 바지가 걸려버린 상태로 글을 씁니다.

모두를 만족할 순 없다는 걸
바지를 입다가도 느낍니다.
어느 한 쪽 맞춰서 편하게 하고 싶은 대로 삽시다.

아, 그렇다고 해서 흘러가는 대로 살자는 건 아니구요.

금요일 밤의 홍대입구는

나의 존재를 보여주기에
더할 나위 없이 좋다

그럼에도
불구하고 ───────

외출 전 몸 구석구석을 씻는다. 샴푸를 하고 나서는 머릿결을 위해 린스까지 한다. 린스를 하면 이게 헹궈진 건지 아직 린스가 남아있는 건지 애매모호한 상태가 된다. 머리를 감고 나면 세수를 한다. 세수는 무조건 머리를 감고 나서 한다. 샴푸가 얼굴에 흘러내릴까 봐서. 아무것도 아닌 습관이 이제는 철칙이 돼버렸다. 세수가 끝나면 비로소 몸통을 씻는다. 겨드랑이부터 발가락 사이 사이까지 거품을 칠하고 헹구기도 하고 아무튼 손이 닿는 모든 곳이 깨끗해졌다는 느낌을 받으면 샤워가 끝난다. 샤워가 끝나면 드라이를 한다. 고수하는 머리 스타일이 있다. 머리의 오른쪽 2/10 부분을 쓸어내린다. 나머지 8/10 부분을 반대쪽으로 쓸어넘긴다. 대충 머리 스타일이 나온다. 멋지다. 머리 스타일이 나오면 오늘 날씨에 어울리는 옷을 고른다. 오늘은 스트라이프가 어울린다. 사실 그냥 스트라이프를 좋아한다. 비가 오는 날에도 맑은 날에도 그냥 스트라이프를 입는다, 좋아서 깔끔해서.

옷을 입으면 대충 스타일이 된 머리를 고정시킨다. 왼쪽 가운데손가락을 이용해서 둥근 왁스통의 가장자리 부분을 푸욱 찍어 누른다. 난 퍼먹는 아이스크림도 그렇고 둥그런 것들을 가운데부터 시작하는 걸 싫어한다. 퍼먹는 아이스크림의 경우엔 살짝 녹았을 때 가장자리 부분이 제일 맛있어서 그럴지도. 아무튼 왜 그런진 나도 모르겠다. 가운데 손가락에 적당히 발린 왁스를 두 손으로 곱게 펴준다. 곱게 펴준 왁스는 정확하게 나뉘어진 가르마를 조금 더 선명하게 만든다. 왼쪽으로 쓸어넘겨 진 머리에 볼륨감을 준다. 오른쪽으로 쓸어내려진 머리의 볼륨감을 살짝 죽인다. 그리고 스프레이로 고정을 시킨다. 아 진짜 멋지다. 오늘 옷에 어울리는 시계를 고른다. 신발을 고른다. 가방에 7만 원짜리 비싼 가죽 수첩 하나와 지하철에서 오고가며 읽을 책을 한 권을 넣는다. 가벼울수록 좋으니 이왕이면 시집으로. 펜도 넣고 핸드폰 배터리가 부족할 수도 있으니 보조배터리도 챙긴다. 가방이 금세 무거워진다. 집을 나선다. 아 참 향수 뿌려야 되는데. 다시 집에 들어와 가장 가까이 있는 향수를 뿌린다. 습관적으로 두 번을 뿌린다. 홍대까지는 조금 거리가 있다. 버스를 한 번 타고 지하철로 갈아타야 하니까.

금요일이라서 그런지 사람들이 들떠있다. 다들 어디론가 들뜬 마음 들고 지하철에 오르락내리락한다. 나는 홍대를 가는데 다들 어디를 가는 거지. 저 커플은 어떻게 만나게 됐을까. 나보다 가르마를 잘 타는 사람이 있네 등등. 분명 지하철에서 책을 읽으려고 가방에 넣었는데 사람을 관찰하다 보니 벌써 홍대에 와버렸다.

오늘 나는 무려 스트라이프 옷도 입었고 머리도 잘됐다. 여러 시선을 받으면 어쩌지 누가 말을 걸면 어쩌지 오만 가지 생각이 들지만, 거리를 걷는 순간 그 생각은 바로 깨져버린다. 사람 진짜 많다. 진짜 진짜 많다. 여섯 글자로 표현이 안 된다. 저 많은 사람들 중에 내 비중은 어느 정도일까 생각해본다. 아마 사람이라는 두 단어의 글자를 이루는 획 하나 정도는 되려나 아니 그 정도의 영향력이 있는 사람은 아니니 점 하나 정도가 내 위치쯤 되려나. 갑자기 작아진다. 난 혼자 왔는데 다들 둘 이상이다. 외로워진다. 거의 한 시간을 준비를 하고 나온 홍대인데 나는 아무것도 아니게 된다. 사람들에 치이고 또 치인다. 시선은커녕 반대편에서 오는 사람들과 눈빛만 마주치고 서로 스쳐 지나간다. 1시간을 준비했는데 1초의 시선만 받고 끝이 나버린다. 인생의 주인공은 나라는데 이렇게 많은 사람들 속에서는 지나가는 행인1보다도 못한 존재가 되어버린다.

한때는 세상이 나를 중심으로 돌아간다고 믿었다. 그런 때가 있었다. 모든 사람들이 나를 바라보고 있고 내 행동에 관심 갖고 있을 것이라는 생각을 했던 때가 있다. 어리석은 생각, 아무도 관심 갖지 않는다. 1시간을 준비하고 외출을 해도 사람들은 그저 스쳐 지나갈 뿐이다. 내가 무얼 시작한다고 하면 의심과 욕을 하는 사람들이 태반이다. 세상은 나를 중심으로 돌아가지 않더라도 내 인생은 나를 중심으로 돌아간다. 그리고 나는 여전히 존재하고 있다. 이런 행동을 하면 저 사람이 어떻게 생각할까. 혹여나 싫어하진 않을까 하는 생각은 완벽하게 접어둔다. 주변 사람들을 신경 쓸 겨를이 없다. 다른 사람에게 피해 주지 않는 선에서 하고 싶은 모든 것들을 하면서 살아갈 것이다.

정말로, 철저하게, 내 기준에서, 멋지게, 살 거다.

그럼에도
불구하고 ───────

수능
188일

그럼에도
불구하고 ─────

여느 때와 다름없이 카페에서 원고작업을 하고 있었다. 내 앞에는 기용이가 앉아 있고 얘는 뭐 드라마도 보고 공부도 가끔 하는데, 오늘은 공부를 한다. 나는 작업을 할 때는 옆 테이블이나 다른 사람들에게 신경을 많이 쓰지 않는 편인데 오늘은 조금 달랐다. 옆 테이블에 눈길이 자꾸만 갔다. 늦은 시간. 그러니까 밤 열한시가 넘은 시간에 24시간 카페에 교복을 입은 고등학생들이 눈에 띄는 건 당연한 일. 게다가 내 옆 테이블에 앉아서 조잘조잘 떠들어대는데 그 모습이 귀엽기도 하고 나의 고등학교 시절 모습이 떠올라서 괜히 슬쩍슬쩍 쳐다보게 되고 귀를 쫑긋 기울이게 됐다.

대화 주제는 역시나 약간의 연애 얘기와 대다수의 성적과 대학 얘기였다. 그 나이 때에 맞는 대화 주제가 정해져 있다는 것이 참으로 마음이 아팠지만, 듣는 재미는 쏠쏠했다. 특히 연애 얘기는 듣는 것만으로도 피식하게 만들어버려서 표정 관리하느라 참 힘들었다. 그렇게 각자의 연애 얘기들이 무르익을 때쯤 한 친구의 입에서 "야 그거 알지 방금 12시 지나면서 우리 수능 188일 남은 거."라는 말이 나왔다. 그러자 각자의 걱정을 담은 한숨들이 뿜어져 나왔다.

그 한숨 소리를 듣다가 나의 수능 188일 전 시절이 떠올랐다. 아, 조금 더 과거로 가보자면 봄 향기가 스리슬쩍 말을 걸어오던 날이었다. 3월의 마지막이 다가올 때쯤이 있고 대학교에서는 학교의 장점과 예쁜 누나들이 학교를 배경으로 포즈를 취하고 있는 모습이 담긴 팜플렛들이 쏟아질 때였다. 우리는 서로 어떤 누나의 후배로 입학을 할지 사뭇 진지한 태도로 대학교를 선택하고 있었다.

중학교 1학년 생활기록부에서 시작됐을 것이다. 부모님의 장래희망 칸에는 언제나 그랬듯이 공무원과 선생님이라는 직업이 번갈아 가며 자리를 차지했지만 진학하고 싶은 과에 무조건 경영학과를 적어 냈었다. 그냥 경영이라는 단어가 무언가 끌렸고 그 단어는 나를 설레게 만들었다. 대학교 팜플렛에서도 경영학과만 찾아봤다. 그러다가 글로벌경영학부라는 과를 보게 되었고 요즘 같은 글로벌한 시대에 어울릴 만한 나 같은 인재를 양성하는 곳이라는 생각이 들어서였을까. 그곳에 가고 싶었다.

중학교 시절엔 그래도 꽤 공부를 하는 편이었다. 반에서 1-2등은 아니더라도 반 친구들이 모르는 문제를 나에게 물어볼 정도는 되었으니까. 키가 클 것이라며 펄럭거리게 맞춰 입은 중학교 교복이 조금씩 꽉 맞아질 때쯤 고등학교 지원서를 쓰게 되었다. 내가 살던 동네에서 고등학교를 지원하는 방법은 성적에 맞춰 가는 것이 아니라, 1-5지망을 쓰고 추첨식으로 고등학교가 결정되는 이른바 '뺑뺑이'식이었다. 어느 정도 공부를 하던 나였기 때문에 '동네에서 소문난 공부를 가장 안 하는 고등학교(보통의 아이들이 기피하는 고등학교/ 일명 양아치 학교)에 가서

전교 1등을 한 뒤에 서울대학교에 가자.'라는 대단한 전략을 세웠다.

하지만 고등학교에 가자마자 반장을 맡았고 반장이 돼서 반 아이들과 정말 열심히 놀았다. 엄마가 학교에 불려가기도 했다. 반장 주도하에 반 아이들이 야자를 도망가서, 수업시간에 그토록 열심히 졸아서 등등등. 그렇게 열심히 놀았다. 하지만 학기 중에 시험을 봤기 때문에 가끔가다 공부도 했다. 중간고사도 보고 기말고사도 보고 모의고사도 봤다. 그냥 고등학교에 오면 시험이 많아지는구나, 수능만 잘 보면 되겠지라는 생각에 더 열심히 놀았다. 수능은 고3 때만 준비하면 되는 것이라고 생각했으니까.

팜플렛을 보고 담임선생님과 상담하기 전까지는 수시라는 개념은 아예 몰랐고 수능이란 개념은 멀고 먼 날들 중 하나라고 생각했다. 상담 결과는 처참했다. 결론적으로 갈 대학교가 없었다. 그동안 본 중간고사와 기말고사는 모두 수시 성적에 적용이 되는 시험들이었고 준비라고는 하루 전 독서실을 등록하고 밤에 먹는 컵라면이 맛있다고 느끼는 정도의 준비가 끝이었으니까. 내가 원하는 글로벌경영학부가 있는 서울 소재의 대학교는 쳐다보는 것도 죄송스러울 정도였다.

그때 당시 밤이 되면 불어오던 선선한 공기를 맞으며 배

드민턴을 같이 치던 여자아이가 있었는데, 내 생에 첫 연애를 그 아이와 하고 싶었다. 분명 그 아이도 그렇게 생각했을 것이다. (이건 분명하다, 정말로) 하지만 나는 그 상담이 있던 바로 다음 날 핸드폰을 없앴고 연락을 뚝 끊어버렸다. 게다가 머리도 빡빡 밀어버렸다. 마주쳐도 인사조차 나누지 않았다. 우린 손도 잡았었는데 말이다. 지금 생각해보면 참 예의 없고 나쁜 놈이다. (지금은 절대로 그렇지 않다, 다정다감의 표본이니까) 공부를 해야겠다는 생각이 들어서였다. 핸드폰을 없애고 머리를 밀어버리는 게 공부와 무슨 관련이 있겠냐만은 그렇게라도 해야겠다는 생각이 들었다. 나의 의지를 외적으로 표현하는 수단이었고 유혹이 되는 요소들을 제거해 버리자는 생각에서였다. 인터넷을 통해 수능을 어떻게 준비해야 하는지 내가 지금부터 준비해야 하는 것들은 무엇인지 모든 정보를 수집했다. 달력을 보니 4월 1일이었다. 11월달에 있는 수능까지 약 200일 조금 넘게 남았을 시점이었는데, 똑같이 잠을 자고 똑같이 밥을 먹고 똑같이 생활을 한다면 내가 원하는 그 과에 갈 수도 없었다. 시간이 턱없이 모자랐다. 그래서 잠을 줄였고 밥 먹는 시간을 줄였다. 1-2시간씩 자는 날들이 많아졌고 학교 경비아저씨와 함께 등교를 했다. 밥 먹을 때 줄을 기다리는 시간이 아까워 도시락을 싸고 다니며 밥 먹으며 공부를 했고 화장실에서 아무 생각 없이 보내는 시간이 아까워서 화장실에서도 공부를 했다. 지금 생각하면 정말 열심히 살았다는 생각이 든다.

그럼에도
불구하고

나는 7개월 동안 죽을 만큼 노력을 한 덕택인지 서울대에 진학을 했다. 학교와 동네 곳곳에 플랜카드가 걸렸고 엄마와 아빠는 정말 기뻐했다. 는 꿈을 꿨다. 허벅지가 축축해서 일어나보니 침을 진탕 흘리고 자고 있었다. 그간 피곤했나 보다. 보통 이렇게 공부하면 서울대를 가서 신문에도 나오고 플랜카드에도 걸려보기도 하는데 나는 공부에는 소질이 없었나 보다. 바라던 성적이 나오지 않았고 원하는 대학교에 가지 못했다. 심지어 대학교 지원을 3군데나 했는데 2군데를 떨어지고 가까스로 집 옆에 있는 대학교에 갔다. 살면서 처음 맛본 좌절의 맛이었다. 노력해도 안 되는 것이 있구나라는 생각과 절대로 이룰 수 없는 무엇인가가 있구나라는 생각들을 비롯해서 참 많은 생각들이 들었다. 7개월의 노력으로 3년을 노력한 친구들의 자리를 뺏으려는 어처구니없고 날도둑 같은 생각이었겠지만 열심히 노력하면 원하는 것을 이룰 수 있다고 생각했기 때문에 더더욱 깊이 좌절했다.

하지만 그렇게 좌절만 하면 지금 이 글도 쓰지 못했을 것이다. 책도 내지 못했을 것이고 회사도 차리지 못했을 것이고 좋은 사람을 만나지도 못했을 것이고 하고 싶은 일들을 하면서 살아가지도 못했을 것이다. 결국, 아무것도 달라지지 않았을 것이다. 집 옆에 있는 대학교 캠퍼스 안에서 4년 내내 패배의식에 찌들어있다가 졸업을 하고 사회에서도 여전한 좌절감을 맛보며 좌절이 인생의 전부이고 인생의 맛은 곧 좌절이구나라는 생각을 하며 살아갔을 것이다.

어떤 상황에 맞추어 적절한 시점에 등장하는 것들을 두고 우리는 우연이라고들 표현한다. 'nevertheless' 우연히 그럼에도 불구하고 라는 단어를 접하게 됐다. 그 단어를 외우려고 한 장 가득 'nevertheless'와 '그럼에도 불구하고'를 빼곡히 적어놓은 페이지 한 장이 방 청소를 하는 중에 찢겨져 발 앞에 떨어진 것이다. 빼곡히 적힌 그 단어를 보다가 그런 생각이 들었다. '그래 그럼에도 불구하고 잘 살아주면 되는거잖아.' 왜 그랬는지 모르겠지만 그 여덟 글자만으로도 충분히 위로가 됐다. 긍정적인 생각들이 마구 샘솟았다.

분명히 내가 되지 못한 이유들이 있을 것이라고 믿었다. 그 대학에 갔으면 엉뚱한 사람들과 나와 맞지 않는 사람들이 수두룩해서 입학과 동시에 자퇴를 고려할 것이라고 생각했다. 온전히 내 위주의 생각이었고 지극히 합리화시키려는 노력을 했다. 이상하게도 마음이 편해졌다. 원하지 않던 결과 속에서 살아가야 하겠지만 그렇다고 해서 좌절하고만 있을 수는 없는 것이니까. 그래도 나는 살아가야 하니까. 모든 상황 속엔 교훈이 숨겨져 있으니까. 인생은 보물찾기의 연속이니까. 우리는 그럼에도 불구하고 반짝이는 것들을 찾아낼 테니까.

누군가는 너무 낙관적인 것이라고도 하고 대책 없는 긍

정은 독이라고들 한다. 허나 이는 막연한 긍정이 아니다. 그저 모든 것엔 그럴 만한 이유가 있다고 믿어버리는 것이다. 원하던 것을 이루지 못하더라도 좌절하지 않고 그럴 수도 있지라며 훌훌 털어버리고 다른 반짝이는 걸 찾아 나서면 되는 것이다. 그 학과를, 그 일을, 그 모든 것들을 언제 경험해봤다고 그토록 간절한 것인가. 분명 내가 되지 않았던 이유들이 존재한다. 설령 그것이 나를 아프게 할지라도 다른 좋은 선택과 방향들이 나를 어디선가 기다리고 있다. 좌절하고만 있을 시간이 없다. 좌절만 하기엔 인생이 너무 짧다. 잠깐 아프고 나를 기다리고 있을 더욱 반짝이는 길들을 찾아 나서면 되는 것이다. 모든 게 나를 반기지만은 않을 테지만 '그럼에도 불구하고'라는 단어로 우린 또다시 이겨낼 것이다.

분명 당신은 반짝일 것이다.
그럼에도 불구하고 다 잘될 거다.

눈

그럼에도
불구하고 ───────

눈을 읽었다.
사랑이랬다.

목마른 것도
배고픈 것도 아니라면,
사랑한다는 말을
너무 빨리 삼켜버리지 말라 그랬다.

까만 눈

그럼에도
불구하고 ───────

그토록 희고 고운 결정체는
세상에 내려오는 순간 밟히고 짓눌려
까맣고 불쾌한 존재가 되어버리기도 하지만
어느 곳에선 입을 다물 수 없을 정도의
멋진 풍경을 만들어 내기도 한다.

새까맣게 변해 버린 너를 바라보며
너도 사람 없는 곳에 내렸다면
여전히 희고 고왔을 거란 생각이 든다.

안녕,
월요일이야

그럼에도
불구하고 ───────

글쎄 오늘 무슨 일이 있었는지 알아?
택시를 탔는데 기사 아저씨가
우리 아파트 12층 아저씨인 거야.
비도 오고 나는 습하고 더운 날씨에 약해서
땀을 많이 흘렸는데, 아저씨가 휴지를 건네주더라고.
그리곤 몇 개의 문장이 오고갔고
서로 같은 곳에 사는 걸 알고는
택시비를 받지 않으시더라구.
만 이천 원이나 나왔는데 말이야.
열심히 살래 나보구. 지금 잘하고 있다고.
그리곤 손을 잡아주셨는데, 울컥하더라고.

너는 어때. 아마 요즘 많이 우울할 거야.
장마철이니까. 비가 오니까.
수술 자국 남아있는 내 무릎도 많이 무거운데,
마음은 오죽하겠니.
우울할 거야 비가 오니까.
해가 뜰 거야 비가 오니까.
또 순간이 지나가고 있어.
붙잡시 못헤서, 내일은 카메라를 사려고 해.
여전히 일기예보는 틀렸고,
길거리에서 들리는 음악은
이어폰에서 들리는 음악보다 크게 들려,
사람 많은 서울에선 어김없이 작아진 내가 있어,
밤에 걷던 거리는 낮이면 차분하고 어색해지더라고.

내 오늘이었어.
너도 어서 내 삶에 들어와, 낱말이 되어줘,
근사한 문장이 되어줘, 나와 함께 우리가 되어줘.

행복해야 해, 행복, 해.

그럼에도
불구하고 ─────

쓸데없는 일

그럼에도
불구하고 ―――――

글을 쓰고 있으면, 길거리에서 사진을 찍고 있으면, 누군가의 고민을 들어줄 때면, 혼자 상상하는 시간이 많아질 때면 누군가 물어온다. '그거 돈도 안 되는데 왜 하는 거야?', '시간 낭비 하지마.' 등과 같은 마음 아픈 질문들로 말이다. 결론부터 말하자면 이 세상에 쓸데없는 일이란 없다. 경제적인 것뿐만 아니라 인생을 통틀어서도 그렇다. 시간을 낭비하는 행위란 절대로 없다는 말이다. 설령 그 일이 이 세상 모든 사람들이 시간 낭비라고 생각하더라도 그 일은 쓸데없는 일이 아니다.

모든 일들은 자신에게 특별한 경험들로 돌아온다. 그것이 교훈이 섞인 한 문장이라든지, 인생의 중요한 터닝포인트라든지, 다음부턴 절대로 이러지 말자라는 다짐으로 돌아온다든지, 뭐 기타 등등. 어떻게든 돌아오게 되어 있다. 어떤 방식으로든 쌓이고 쌓인다는 것이다.

그리고 경험해보건대 가장 많이 쌓이고 가장 많이 돌아오게 돼 있는 것들은 모험을 했을 때였다. 사실 이렇게 말을 하고 있는 나 역시도 애초에 도전을 좋아하는 성격은 아니었다. 지극히 소심하고 두려움이 많은 성격이라 무언가를 결정하거나 시도할 때마다 수많은 걱정을 나열하고 여러 갈래의 고민들을 친구들에게 털어놓다가 시작을 못 한 적이 태반이었으니까. 허나 모험을 통해 느낀 짜릿한 감정들은 나를 완벽하게 바꿔놓았다. 또한, 시간이 지날수록 점점 더 많은 경험을 겪을수록 쓸데없는 것들이 없다는 생각이 확고해지고 있다.

고등학교 2학년 때였다. 소심했던 초등학교 시절과 중학교 시절을 지난 이후 말이 참 많아졌고 그렇게 많아진 말들을 쉬는 시간에만 풀기에 모자라서 수업시간 내내 옆 짝꿍과 인생에 관한 모든 것들을 풀어놓을 때였다.

조잘조잘, 재잘재잘 그런 비슷한류의 말들 여러 개를 갖다 놓고 수식을 해야 할 정도로 떠들어댔는데. 내용은 뭐 그런 거였다. 18년 인생에 있어서 인간관계에 관한 고찰과 앞으로 뭐해 먹고 살지에 관한 것들. 그리고 함께 사업을 하자고 서로 약속도 했었다.

한 번은 떠들다가 걸려서 목소리를 내지 않고 대화하는 법이 무엇이 있을까 고민하다가 커다란 노트에 서로 적으며 대화한 적도 있었는데, 그때 그걸 선생님께 걸리는 바람에 우리의 대화 내용이 반 아이들 모두에게 공개됐던 적도 있었다.

그렇게 혼날 때마다 선생님도 그렇고 주변 아이들도 그렇고 왜 이렇게 쓸데없는 얘기들을 하냐며 차라리 그 시간에 공부를 하라고 했었다. 난 공부가 재미없는데, 그런 얘기들을 하는 게 나에게 도움이 되는 것이라 생각했는데 말이다. 아무튼, 성적은 바닥을 기어 다녔다.

그럼에도
불구하고 ————

바닥을 기어 다니는 성적이 적나라하게 적혀있는 성적표를 받을 때마다 조금 쓰라렸다. 가장 쓰라리고 그 시간에 공부를 하라는 말이 틀린 말은 아니었구나라는 생각이 제일 많이 들었던 순간은 대학 원서를 넣는 시즌이었는데, 그것도 잠깐이었다.

그 시절 나와 수업시간 내내 떠들던 친구는 출판사를 차렸다. 출판한 책 모두 베스트셀러가 됐고 꽤 멋지게 살아간다.

아, 그럼 내가 좀 멋없어지는 것 같은데. 나도 나름 잘 살아가고 있다. 그때 말을 하도 많이 해서 그런가 말을 글로 정리하는 법을 배웠고 강연도 들어온다.

뭐 글의 요지는 그런 거다. 남들 하는 거 안 하고 있다고 해서 쓸데없는 짓 하고 있는 게 아니라는 그런 얘기들. 내가 옳다고 생각하는 가치들을 꾸준히 해냈으면 싶다. 난 앞으로도 그럴 건데 이 글을 보는 당신도 그랬으면 싶다. 주어진 것들과 맹목적인 것들에 연연하기보다 진취적이고 주도석인 삶을 살아갔으면 싶다. 그리고 마지막으로 수업시간에 떠들어서 죄송했습니다, 선생님. 이번 주말에 또 찾아뵐게요.

쓸데없는 일은 없다는 말.

결국, 낭비라고 드는 모든 순간마저 경험으로 또 어떤 것이든 간에 더 높게 뛸 수 있는, 한 걸음 더 딛게 만들어줄 수 있게끔 내 발밑을 받쳐줄 것이다. 그 모든 것들은 어떻게든 나를 띄워주려 할 것이다.

주위를 보면 계속해서 도전하고 모험을 즐겨하는 사람들이 있다. 이들은 그 과정과 순간에서 즐거움을 찾고 더 나아가 삶의 의미까지 찾아낸다. 우리 인생에서 '낭비'라는 말도 '쓸데없는 일'도 없다지만, 인생이라는 한정된 시간 속에서 모험을, 삶을 더욱 즐기고 싶다면, 수많은 경험 속에 빠져들었을 때 가능한 일이라고 생각한다.

다 써놓고 보니 역시나
인생을 재밌게 살려면 모험이 필요하다.
또 모든 과정에서 뭐라도 쌓일 테니
역시나 세상에 쓸데없는 일은 없다.

못된
사람

그럼에도
불구하고 ───────

요즘 들어 나는 생각보다 못된 사람이라는 생각을 많이 합니다. 나를 싫어하는 사람을 싫어한 적이 있었고, 나와 다른 사람과 어울리지 않으려 했던 적이 있으니까 말이에요. 더욱 이런 생각이 드는 건, 난 인간관계에 대해서 편식을 하는 경향이 무척이나 심하기 때문입니다.

나는 세상 모든 일에 관심이 많은 성격이었어요. 식당에 앉아 밥을 먹을 때에도, 지하철에 앉아 움직일 때에도 사람들이 무슨 이야기를 하는지 무슨 생각을 하고 있는지 참 궁금해하는 성격이니까 말이에요.

비슷한 의미로 창가를 좋아해요, 많은 사람들이 어딜 오고 가는지 바라보고 있다가 보면 한 시간이 훌쩍 지나가는 경험을 참 많이 했습니다. 그런 나였지만, 다른 사람과 교집합이 생길 때마다, 나는 상처를 받고, 혼자 아파하고, 혼자 그 상처들을 감당해야만 했던 시절을 거치고 나니. 이제는 사람을 만나는 게 무서워졌어요. 아니, 무섭다기보다 이제는 상처를 받기 싫어요. 그렇게 얼마 정도를 혼자 지냈던 경험도 있어요.

그렇게 꽤 오랜 시간을 혼자 지내다 보니, 위로를 받아야만 할 것 같다는 생각이 들었어요. 그리곤 한동안 연락을 멈췄던 친구들에게 전화를 걸었어요. 어디냐, 나와라, 술 먹자. 그렇게 잔뜩 취하는 일들이 잦아졌어요. 술 한 잔 건네며 위로받고, 술 한 잔 받으며 위로받고, 잔뜩 취하며 위로받고. 그런 경험을 하고 나니 역시 나라는 존재는 사람에게 상처를 받아도 결국 사람에게 위로를 받는 존재라는 걸 깨닫게 되었어요.

그리고 잠깐 아팠던 날. 죽음의 문턱에 가본 적도 없고 큰 병에 걸려본 적도 없던 내가 왜 그런 생각이 갑자기 들었는지는 모르겠지만, 나에게 주어진 시간이 얼마 남지 않았다고 생각을 했어요. 시간이 빠르게 지나간다는 것을 느꼈을 때, 하루하루 달라지는 모습을 경험할 때면 그런 감정들이 마음속을 스쳐 지나가더라고요. 그런 것들을 느낄 때마다 나는 더더욱 이 시간을 어떻게 활용해야 하는지에 대해 많은 고민을 하게 됐습니다.

내 한정된 시간들을, 빠르게 흘러가는 시간들 안에서 나를 싫어하는 사람과 마주하며 고민하고, 내가 미워하는 사람을 만나 홀로 아파하고, 나를 이용하려는 사람을 만나 다시 상처받으면서 살기 싫어졌어요.

나는 흘러가는 이 시간을 붙잡고 싶다는 생각이 들 만큼 아름다운 사람들을 곁에 두고 있으니까요. 이 사람들과 더욱 오랫동안 함께하고 싶어요. 더욱 사랑하고 싶어요. 역시나 편식인가요. 아무렴 어때요. 나는 내 곁을 지켜주는 이 소수의 사람들과 함께하는 시간이 너무나 행복한걸요. 모든 불안을 잠식시켜줄 만큼의 편안함을 지니고 있는 이 사람들에게 감사해요.

그럼에도
불구하고

나는 여전히 못된 사람입니다, 허나 그럼에도 불구하고 나를 좋아해 주는 사람 덕분에 나는 또 살아갈 테죠. 그럼 또다시 나는 내 모든 최선을 다해 그들을 사랑할 겁니다. 끝까지요.

진심

그럼에도
불구하고 ───────

잔인한 말이지만, 마음은 잘 변하지 않는다는 사실.

어떤 인간관계는
열 번을 찍어도 안 넘어갈 수도 있다는 말.
모순된 말이지만,
마음은 언제라도 변할 수 있다는 사실.
어떤 상황을 마주하게 됐을 때
전혀 다른 마음들이 생길 수도 있다는 말.

그렇다면 진심도
다른 상황을 마주하면 변하는 것일까.

예를 들면
나에게 아름답다고 말하는 저 소년의 마음은
언제까지 진심일까.
내 아름다움을 보고 다가온 저 소년은,
내가 가진 아름다움이 변하게 되어도
나에게 아름답다고 말해줄까.

진심이라는 말들로 포장된 것들은
과연 진심일까.
진심이라는 말 안에 들어가 있는 진심은
과연 무엇일까.

해,

너도 그렇게
밝고 따뜻하지
말아라

그럼에도
불구하고 ─────

나는 긍정적인 사람이다.

난 긍정이 좋고, 내가 좋아하기에
모두가 좋아해 줄 것이라 생각했다.
모두가 긍정적인 사람을 좋아할 것이라고
자부하기도 했다.

허나 사람들은 내 긍정을 보고 싫어하기도 했고,
내 자부심을 보고 떠나가기도 했다.

슬프지만 이제는 이해가 된다,
너무 밝고 따뜻했다.
언젠가 나도 너를 떠나가게 될 것이다.

해, 너도 그렇게 밝고 따뜻하지 말아라.

그런 때가
있었습니다

그럼에도
불구하고 ───────

마음이 불편할 때가 있습니다.
속상한 일들이 계속해서 펼쳐진다거나
좋지 않은 일들이 자꾸만 벌어질 때.
그럴 때면 누군가 던진 한마디가
그렇게 아프고 쓰리고 그렇더라고요.
그렇지만 괜히 아프지 않으려고
덤덤한 척 괜찮은 척하느라.
다른 사람 신경 쓰느라.
정작 돌봐주어야 할,
내 마음을 돌보지 못했던 때가 많았습니다.
그 사이에 마음은 텅텅 비어있게 되고
뾰족한 것들과 날카로운 것들로 가득 차게 되었고.
결국 내 마음엔 아무도 살지 않아,
누군가 들어와도 반겨주질 못했던
그런 때가 있었습니다.

마음이라는 것은

잘라내도
자라나더라고요

그럼에도
불구하고 ────────

매일 수염을 자릅니다.
2주에 한 번은 손톱을 자르구요.
3주에 한 번, 머리를 자릅니다.
자라나는 것들을 다듬고 손질합니다.
잘라내야 하는 것들과 잘라지는 것들,
내 마음대로 자를 수 있는 것들.
그것들 모두가 내 것이라 생각했습니다.
내 것들이야, 얼마든지
내 마음대로 잘라낼 수 있다고 생각했습니다.

허나 당신을 사랑하게 되었고,
잘라낼 수 없는 나의 것들이 마음속 크게 자라났습니다.
이제 나는 마음대로 당신의 것이 되어버렸습니다.
얼마든지 잘라내셔도 다시 자라날 마음입니다.

아 거기 두고 가는 그거, 사랑입니다.
제 마음에서 자라나.
제 것인 줄 알았건만, 잘라낼 수 없는 걸 보니
당신의 것이 확실합니다.
열심히 사랑해보고 싶습니다.
정말로 열심히 사랑을 하고 싶어졌어요.

아닙니다
또는
맞습니다

그리고 다시
아닙니다

그럼에도
불구하고 ───────

더 멋져지고 싶다.
더 나은 것들 사이에서 살아가고 싶다.
새로운 것들을 원한다.
더욱 행복해지고 싶다.
아니야, 그런 것들은 결코 중요하지 않아.
맞다, 난 이곳에 이 시간에 존재하고 있었고
무너지지 않았다.
그거면 된 것인데 자꾸 더 나은 것들을 찾으려 한다.
새로운 것들에 상처받을 걸 알면서도
새로운 것들을 원하고 있다.
조금 더 멋진 삶을 꿈꾼다는 이유로
지금의 나를 힘들게 만든다.
어리석은 모순덩어리가 되어가는 것 같다.
행복해지려는 일들은 언제나 힘들다.
아니, 주변에 존재하는 모든 것들이
사실은 행복이었다.

엄마가
울었다

그럼에도
불구하고 ─────

오랜만에 집을 갔을 때였다. 방 안엔 나태와 나와 엄마가 공존하고 있을 때였고 한참을 누워있다가 엄마가 해준 알탕을 먹으려 방에서 식탁으로 엉덩이를 옮겼을 때였다. 엉덩이를 옮기면서 무슨 생각인지 모르겠지만 엄마에게 돈을 많이 벌어서 호강을 시켜준다고 했다. 그리고 밥을 세 숟가락 정도 떴을 때 다시 한번 돈을 많이 벌고 싶다고 했다. 그러자 엄마가 울먹거렸다. 엄마가 말했다. 미안하다고 자기가 부족하게 키운 것 같아서 그런 말들을 되뇌이는 것 같다고. 아차 싶었다. 전혀 그렇지 않은데 말이다. 생각해보니 이전에도 난 그런 말들을 자주 해왔던 것 같다. 난 그저 내가 하고 싶은 일들을 할 것이라는 말에 걱정을 하는 엄마에게 안정을 주고 싶었던 것인데, 엄마는 미안하다고 했다. 울먹거렸다. 엄마가 미안해했다. 마음이 미어졌다. 내 입이 미워졌다.

엄마 미안, 이 글도 곧 보게 되겠지?
나 사실 돈 많이 벌고 싶지 않아.
그냥 내가 하고 싶은 거 하면서 살고 싶어.
비록 엄마가 원하는 공무원 그리고
안정적인 직장은 얻지 못하겠지만
하고 싶은 것들이 너무 많아서 정말 행복해.
미래를 그리는데 그리던 미래들이
눈앞에 결과물로 나타나고 있어.
가슴 벅차오르는 일들이 매일 일어나는 중이야.
그런 일들을 하니까 정말 좋은 사람들을 만나고 있어.

생각하지 못했던 것들이 더 많이 생겨.

아 참 걱정하지 마.

먹고 싶은 것들도 먹고

사고 싶은 것들도 다 살 정도로 돈은 벌더라.

남는 돈으론 저금도 해.

이렇게 가슴 벅찬 상태로 나는 평생을 살 것 같아.

난 내 꿈을 응원해, 그리고 내 일을 사랑해.

여기까지 올 수 있던 모든 것들이 엄마 덕분이야.

엄마, 엄마, 우리 엄마.

성윤숙 씨. 윤숙 씨. 성 여사, 고마워요.

그리고 참 많이 사랑해요.

우리가 더욱 더더욱 더더욱 더.

행복했으면 좋겠어, 엄마.

엄마, 내 첫 번째 발음.

엄마, 행복해졌으면 좋겠어.

그럼에도
불구하고 ―――――

결국
당신이었구나

사랑이었구나

그럼에도
불구하고 ───────

유독 어떤 향기와 어떤 음악은
당신을 떠오르게 만든다.
어쩌면 평생 당신을
찾아 헤매고 있었는지도 모르겠다.
한때는 사랑이 아니라며
당신의 모든 순간과 행동을 부정하며 발버둥 쳤지만.
가끔 떠오르는 것들에
목이 메이고 숨이 막히는 걸 보면,
이제는 당신을 향한 모든 몸짓이
사랑이라는 걸 알 수 있다.

아, 사랑이구나. 사랑.

중임무황태

그럼에도
불구하고 ──────

중학교 1학년 단소를 배울 때였다. 누군가 무엇에 재능이 있고 그걸 잘하는 모습을 보면 막연하게 나도 저렇게 되고 싶다. 나도 잘하고 싶다라는 생각을 할 때였다. 아리랑을 단소로 연주하라는 음악 수행평가에 나는 반 아이들 가운데 가장 열심히 임했다.

내가 가장 부러워했던 우리반 반장이 단소를 그렇게나 잘 다루는 모습이 부러워서였다. 공부도 운동도 사교성까지 모든 면에서 나는 하나 같이 열등감을 느꼈고. 단소만큼은 그 아이를 이기고 싶었다. 나도 잘하고 싶었다. 그러나 현실의 벽은 역시나 높디높았다.

7살 때일 것이다. 포켓몬스터 빵 안에 들어가 있는 띠부띠부씰이 많을수록 관심을 많이 받았던. 앞머리 한쪽 끝을 길게 내빼 염색한 남자아이들 사이에서 양쪽 끝을 모두 물들인 아이가 인기가 많았던. 그때 당시 피아노 학원은 우리 나이 또래의 필수 과정이었고. 바이엘을 갓 익힌 나는 체르니 100이라는 엄청난 벽에 도전을 했고. 나는 처음 무너졌다. 손가락은 따라가질 못했고. 피아노 선생님이 10번씩 치라며 악보 위에 동그라미를 치고 가 주시면 슬슬 눈치를 보며 동그라미만 쳐놓고 시계만 쳐다보기 바빴다.

한 마디로 음악적 재능도 관심도 없었다. 리코더를 불 때에도 마찬가지였다. 영롱한 소리를 원했지만 미처 막지 못한 구멍으로 새어 나오는 "삑"소리를 6학년 내내 달고 살았다. 그런 아이였다, 나는.

하지만 단소만큼은 잘 불고 싶었다. 중임무황태를 자유자재로 다루고 싶었다. 정말 많이 연습을 했고 단소를 손에 들고 살았다. 수행평가 전에 나는 아리랑을 완벽하게 연주할 수 있게 되었고. 일주일에 한 번 있던 음악 시간을 기다리게 되었다.

기다리던 음악 시간이 왔고 나는 준비한 단소로 연주하는 아리랑 실력과 아주 많은 긴장감을 가지고 등교를 했다. 단소에만 집중을 했던 것일까. 음악책을 놓고 와버렸다. 이런 타이밍엔 언제나 음악책을 검사하곤 하던데, 역시나 음악 선생님은 평소엔 하지도 않던 음악책 검사를 했고 반에선 나 홀로 음악책을 놓고 온 아이가 됐다. 수행평가 날인데. 음악책이 무슨 필요있을까라는 생각이 들었지만. 생각만 했다.

음악 선생님은 정말 칼같았고 그렇게 연습한 아리랑은 연주도 할 수 없었을뿐더러 수행평가 점수를 가장 낮게 주었다. 심지어 나는 음악책을 안 가져왔다는 이유로 손에 달고 다녔던 단소로 손바닥을 맞았다.
심하게 서러웠다.

아직도 기억난다. 그 이후로 음악 시간은 잠을 자거나 못했던 다른 생각들을 하는 시간이 되었다.

참, 그 이후로 단소만 보면 씁쓸한 웃음을 짓게 된다. 별 것 아닌 일들로 또 누군가의 마음 하나로 한 사람의 생각과 인생이 송두리째 바뀌게 될 수가 있다. 죽도록 노력한 일들이 아무것도 아닌 일들로 물거품이 되거나 좋지 않은 결과를 가져오게 될 때도 있다.

인생이 벽이 너무도 높아서 나만 안된다고 느껴질 때가 있다. 끊임없이 도전했던 일들이 이뤄지지 않을 때가 있다. 생각보다 내가 작고 여린 존재였다고 느껴질 때가 있다.

그렇지만 다 괜찮다. 우린 다 괜찮다. 그럴 수 있다.

비록 그 뒤로 나는 단소를 더이상 불지도 마주치지도 않아, 이젠 흥미조차 느끼지도 못하고 그때의 씁쓸한 감정을 흐릿하게 기억한다. 내 손바닥을 단소로 때린 그 음악 선생님의 성함도, 얼굴도 기억이 나지 않는다. 그때 그 일이 있었구나라는 정도만 기억이 날 뿐이다. 그러니 모두 시간이 해결해 줄 일이라고. 지나가며 쌓이는 과정이라고 믿고 있다. 나는 결과보단 좋은 과정을 믿는다. 노력한 과정은 언젠가는 돌아올 것이라 믿는다. 우리가 생각하는 우리가 노력했던 모든 것들은 어딘가에 쌓이고 쌓여 또다시 나에게 돌아오게 될 것이라고 믿는다.

괜찮은 일이다.
너무 많이 울지마라.
너무 많이 슬퍼하지도 말고.
우린 더 잘 될 것이다.
모두 다 그렇게 될 것이다.

그럼에도
불구하고 ———

영원한 것들이

소멸해가고
있습니다

그럼에도
불구하고 ―――――

우리 집 앞엔 큰 나무가 있습니다. 이 나무는 봄이면 꽃을 피우고 여름이면 푸르러지곤 했습니다. 오랜만에 찾아온 집에 들어가는 길. 언제나 집 앞을 지키고 있던 커다란 나무가 눈에 띄었습니다.

푸르른 나무를 볼 것이라 기대했건만 곧고 길게 뻗었던 나무는 꽃도 피우지 않았고 푸르른 잎을 가지고 있지도 않았습니다. 앙상하기 그지없었습니다. 대신 앙상한 나무 밑에 둘러싸인 꽃이 보였습니다.

예쁘다기보단 귀여운 꽃들의 모습이었습니다. 귀여운 꽃을 보며 사진도 찍고 꽃을 관찰하고 있었습니다. 그러다 옆에 계신 아버지께 여쭤봤습니다. '이 나무는 조금 느리네요. 다른 나무들은 벌써 꽃잎을 떨어뜨리고 잎이 자라나는데 아직도 꽃을 못 피운 걸 보면.' 그러자 아버지께서는 그 나무는 죽은 나무라고 했습니다.

큰 나무에서 꽃잎을 떨어뜨리면 그 양이 많아 관리가 힘들어 나무에 소금물을 주어 나무를 죽인 거라고 말씀하셨습니다. 봄이면 꽃을 피웠던 커다란 나무 옆에는 가지치기를 심하게 당한 나무들도 여럿 보였습니다. 모두 관리가 힘들어 가지치기를 해버리고 소금물을 준 것이라고 말씀하셨습니다.

귀여워 보였던 꽃들이 미워졌습니다. 편리함이 이렇게

잔인한 것이었다니요. 대체된 아름다움은 아름답지 않습니다. 아름다운 것들이 점점 사라져가고 있습니다. 그 자리엔 다른 것들이 차지하게 되었습니다. 잔인한 것들을 보고도 잔인하다고 말하지 못하게 되는 상황들이 벌어집니다. 익숙한 것들이 잊혀져 가고 있습니다. 잊혀짐에 익숙해져 가고 있습니다. 사라진 것과 사라져가는 게 우리를 슬프게 만듭니다. 살아 있음에도 불구하고 닿지 못하는 것들이 우리를 더욱 슬프게 만듭니다.

살면서도 영원히 보지 못하는 사람들이 많아집니다.
영원히 못 본다는 것이 흔해지고 있습니다.

변치 않고 그대로 버텨줄 것 같은 것들이
무너지고 사라져갑니다.

강과 바다

그럼에도
불구하고 ———

강줄기가 바다를 만나게 되는 일을
"소멸"이라 불러야 하나
"탄생"이라 불러야 하나
"합류"라 불러야 하나.

김훈 선생님의 '라면을 끓이며'에서는
이것을 "소멸"이라 칭했다.
또 그 "소멸"은 저녁 무렵 갯벌에서 곧
"완성"이 된다고 말씀하셨다.

강줄기가 바다를 만나게 되는 것.
사람이 사람을 만나게 되는 것.
두 일은 별개의 일이 아니며
동일한 요소를 바탕에 두고 있다고 생각한다.

서로 다른 농도의 것들이 합쳐지는 일.
새로운 것이 탄생하고 또 사라지는 일.
어떤 소멸과 탄생(또는 완성)은
동시에 이루어지는 일이기 때문에
이 일들은 개별적인 현상이 아니다.
누군가가 누군가를 만나며 자신을 내려놓는 일.
또 새로운 것을 받아들이는 일.
이 모두 소멸과 탄생(또는 완성)의 합작품이라고
말할 수 있지 않을까.

더 낮은 존재가 높은 존재를 만나며
더 높은 존재가 낮은 존재를 만나며
서로를 끌어안는다.
그들은 서로의 비워지는 공간들을
빈틈없이 메꾸어준다.

불완전한 존재가 조금 더 완전한 존재로 바뀌어간다.
서로의 부족한 부분을 서로가 채워준다.
강물의 농도가 높아진다.
바닷물의 농도가 낮아진다.
거칠던 것이 온순해진다.
소심했던 것이 적극적으로 변하게 된다.

만남이 그렇다.
사랑이 더더욱 그렇다.

수만 번
계산하고
썼다 지워도

당신은
여전히
그 자리 그대로
계셨습니다

그럼에도
불구하고 ————

당신은 어느 편에 서서 나를 지켜봐 주실 겁니까.
아니, 나를 지켜봐 주시긴 하실 예정이십니까.
궁금합니다. 두렵습니다. 보고 싶습니다.
이 감정들이 문장들이 절대로 뒤섞여
쓰이지 않을 것이라 생각했는데,
마음 한 귀퉁이에서 비롯된 것들이
이제는 걷잡을 수도 없게 됐습니다.
이 모든 감정들이 치닫는 동안에
저는 아무것도 하지 못했습니다.
당신을 생각하는 것들 이외에는
다른 의미가 없어졌습니다.

내 사랑이 그렇습니다.
천장이 온통 당신입니다.
당신 덕분에 천장과 바닥을 오가는
감정의 롤러코스터는,
온전하게 내가 감당해내야 할 나의 몫이었으니까요.
바라보는 것이 그리도 떨리고 벅차오르는 것이었지만,
바라볼 수만 있다는 건 벅차오른 만큼 눈물이
나는 일이었습니다.
지켜보는 일들과 나 혼자만의 상상들은
나를 기쁘게 만들었지만,
동시에 나를 세상 가장 밑바닥으로
쳐박아 넣을 때도 있었습니다.

당신은 읽는 마음이라 대충이었을지 모르겠지만,
나는 쓰는 마음이라 몇 번이고 지웠다 썼다 했습니다.
인연이라는 것들과 우연이라는 것들 그리고
만약이라는 것들을 더해보았습니다.
사랑이라고 부르고 싶었습니다.

끝까지 사랑이라 믿었지만,
여전히 만약 이었습니다.
수만 번 계산하고 썼다 지워도
당신은 여전히 그 자리 그대로 계셨습니다.

그럼에도
불구하고 ―――――

파도

그럼에도
불구하고

우리 인생엔 가끔씩 큰 파도가 몰아쳐 올 때가 있다.

보통의 사람들은 큰 파도가 올 때면.
큰 파도가 온다는 사실에 오기 전부터
걱정을 하고 좌절을 하고
맞이하지 않은 파도에 무너져버리거나.
큰 파도가 몰아쳐 버리고 나서
곁에 남아 있는 게 없다며
실망하고 자책하고 주저앉아 버린다.

당신 만큼은 그래도
감사함과 희망을 가졌으면 싶다.
그래도 내 곁에
깊게 뿌리내리고 버텨준 나무가 있으니,
다시 딛고 일어설 땅이 있으니,
그럼에도 불구하고 떠오른 태양이 있으니.

자, 파도가 온다.
무너져 있을 것이냐,
함께 가라앉을 것이냐,
난 당신이 기어코 떠오르실 바랄 뿐.

춘분

그럼에도
불구하고

오늘은 춘분입니다.
낮과 밤의 길이가 같은 날이라더군요.
또 내일부터는 낮의 길이가 점점 길어진다고 합니다.
밤이면 당신이 더욱 그리워졌던 저로선
이제는 당신이 조금은 덜 그리워질 것 같습니다.
아니, 어쩌면 홀로 남게 된 길어지는 그림자에
더욱 외로워지려나요.
아무렴 어떻겠습니까, 그리운 건 여전할 텐데.
아, 요즘엔 날이 참 좋습니다.
함께였다면 더할 나위 없었겠다라는 생각이 듭니다.
당신으로 가득했었던 겨울이 가네요.

잘 지내시죠?
별일 없기를, 무탈하기를 바랍니다.
당신 없는 삶이 무력하고
아무것도 아닌 게 될 줄 알았지만, 그렇지 않네요.
다행이라는 생각에 조금은 슬퍼집니다.
주말엔 저는 전시회를 다녀오고
영화를 보고 글도 쓰고 음악도 만들고
혼자 술을 먹기도 했고 햇살을 즐겼어요.
경복궁 근처에 칼국수 집엘 갔는데 참 맛있더라고요.
당신과 함께 오고 싶었던 곳을 혼자 와버렸습니다.
이젠 더 이상 갈 수 없다는 사실에 혼자 가버렸어요.
혼자 온 건 저뿐인 걸 보니.
둘이 함께였다면 더욱 맛있었을 거란 생각이 듭니다.

봄이 다가오나 봅니다,
날이 따뜻하고 간질거리는 걸 보니.
요즘 어떤가요.
당신도 아무렇지 않은가요.
이 말들 차마 꺼내지 못해 적어 내립니다.

보고싶네요.
잘 지내시길 바라겠습니다.
저도 잘 지내보겠습니다.
부디 저도 당신도 따뜻하길 바라겠습니다.

그럼에도
불구하고 ————

손톱

그럼에도
불구하고

깨진 손톱을 그냥 뒀다.
그 손톱엔 옷을 입다가도
머리를 만질 때에도
모든 게 걸려버렸다.
금이 간 것들, 깨져버린 것들은.
가끔은 잘라내도 좋다는 생각이 들었다.

죽을 만큼 사랑하고
아낌없이 마음 주고
유일한 것처럼 대하지 말자.
적당히 사랑하고,
적당히 마음 쓰고,
적당한 거리를 두자.
영원할 것처럼 굴지 말자.

유독 상처가 많은 날엔,
사랑을 하자고 다짐해도
마음이 그렇지 못할 때가 많았다.

2017,

어느 봄

그럼에도
불구하고 ─────

굵은 짜임으로 가득 덮였던 것들이
조금씩 사라져가고,
촘촘하고 얇아진 것들이
세상을 덮어간다.

인내가 피어나고
고통이 보상받는 계절이 돌아오고 있다.
손톱을 깎아내야 하는 날마다
자라난 것들과 잘려진 것들에게 되묻는다.
꿈도 신념도 없이 이리저리 흔들리고 온몸으로
스트레스를 견뎌내는 삶을 살아오진 않았는지.

삶의 불만을 끊임없이 토로하는 삶보다,
굶주리고 춥더라도 햇살 한 줌,
여유 한 모금 즐길 수 있는 삶을 살으련다.

2017,

가을 어디쯤

그럼에도
불구하고 ───

해는 짧아졌고 소매는 길어졌다.
매미는 죽었고 귀뚜라미는 살았다.
나는 가만 살아있는 것 같다는 생각을 하다가도
도무지 뛰지 않는 심장을 보며
살아있는 것이 아닐지도 모른다는 생각을 했다.
나는 여름과 가을 사이, 겨울과 봄 사이.
계절이 바뀔 때 자주 훌쩍이곤 한다.
자주 훌쩍거리는 탓에 코밑이 얼얼해지기도 했다.
얼얼해진 코를 붙잡고,
무언갈 보내는 일에 익숙했다고 생각한 적도 있다.
봄을 보낼 때에도
가을을 보낼 때에도
생각보다 잘 버텨왔는데,
귀뚜라미 울음소리에,
짧아진 해에,
붉어질 이파리에,
다시 떨어질 붉은 것들에,
언제나 가장 아름다운 건
보내고 나서야 느끼게 된다는 생각에,
코를 붙잡고 울고 말았다.
당신의 코가 생각나 울고 말았다.
모든 들숨과 날숨이 시작되었던 곳.
내 모든 것들이 시작되었던 곳.
얼얼해진 코가 생각나 다시 한 번 울고 말았다.

모든 건

때가 있는
법이다

그럼에도
불구하고 ———

그래, 뭐든 때가 있는 법이다.
살아가며, 감정에 휩싸여버려
일을 그르치게 되는 경우를 수도 없이 봐왔다.

때를 기다리지 못해서, 성급해서,
초조하고 불안감이 감싸와서.
우린 참지 못하고 저질러버린다.
그런 후에 후회를 한다.

후회를 하며 자신을 탓하면
언급조차 하지 않겠지만.
후회 속에서 탓을 한다,
그때의 그 상황이, 그 사람이, 그 순간이
그렇게 만들어버린 것이라고.

결국, 참지 못한 건 모두 자신이면서,
왜 말리지 않았느냐고 스스로 자멸하곤 한다.

우리

미워하는 건
대충합시다

그럼에도
불구하고 ──────

가끔 말도 안 되게 이루어지는 것들을 접하게 될 때면,
운명이라든지 인연이라든지 그런 걸 믿어볼까라는
생각을 하게 됩니다.

우리가 운명이나 인연으로 이어졌으면 합니다.
그렇게 우리가 함께 그림을 그린다면
분명 예쁜 그림이 될 겁니다.
그럼, 사람들은 그걸 보고 사랑이라고 말하겠지요.

사랑을 하고 싶습니다.
사랑하는 것들이 떠나가지 않았으면 좋겠습니다.
우리가 맞이할 계절이 영원했으면 싶습니다.
영원이라는 계절이 있었으면 좋겠습니다.
영원하지 않을 것들을 너무도 사랑하는
우리가 되었으면 합니다.
사랑하는 것들이 영원할 것이라고 믿어버리는
우리가 되었으면 합니다.
그럼에도 불구하고 다시 사랑할
우리가 되었으면 합니다.
사랑한다는 말을 하지 않아도
사랑을 알 수 있게 합시나.

말을 하지 않고도 표현을, 일상을 나눴으면 합니다.
이를테면 오늘 점심, 반찬은 무얼 먹었는지,
누구와 먹었는지, 힘든 일은 없었는지,

괴롭히는 사람은 없었는지,
오늘 하늘의 색은 그 어느 때보다 아름다워
사진을 찍어 보내준다든지,
퇴근길 지하철에 사람이 많아서 힘들었다는 이야기들,
그냥 모든 일상을 나누고 서로를 토닥이는 일.
그 모든 것들 말이에요.
오늘 즐거웠던 시간들이 내일은 추억이 될 테니.
일상을 나누고 오늘을 즐기고
내일의 추억을 만들어 갔으면 합니다.
서로가 사랑한다 말하지 않아도
사랑을 느끼게 했으면 합니다.

우리가 가는 그 길에 꽃이 피어있지 않다면,
저는 꽃을 심으며 갈 겁니다.
그러니 조금 늦더라도 돌아오는 길엔
우리는 꽃을 보며 걸어가게 되겠지요.
사랑은 그렇게 합시다.
조금 느리더라도 오랫동안, 영원할 것처럼.
한 송이씩 심었던 것들이
곧 무리를 지어 찬란한 것처럼.
사랑을 더욱 사랑할 수 있도록.
아름다운 것이 더욱 아름다워질 수 있도록.
재미없는 것들은 하지 맙시다.
시린 것들이 차가우면 더 시린 것처럼.
끓던 것이 식으면 맛이 없어지는 것처럼.

그럼에도
불구하고 ―――――

그러니까 조금 늦더라도
나는 꽃을 심으며 걸어가렵니다.
그렇게 그렇게 걸어가다가 당신을 만나게 된다면
젊음을 한창 낭비하다가,
결국 당신 앞에 섰다고 말하고 싶습니다.

우리 미워하는 건 대충합시다.

꿈에 관하여

그럼에도
불구하고 ———

하고 싶은 말들이 너무 많습니다.
해주고 싶은 말들도 너무나도 많고요.
저는 부자가 아닐뿐더러 무언갈 특별하게 잘하지도 않습니다. 그런데요, 요즘에는 참 행복합니다. 가슴 벅차서 죽을 만큼 행복하답니다. 이유는 딱 한 가지죠, 하고 싶은 걸 하면서 살아가고 있기 때문에. 그 이유 하나만으로도 이렇게 삶이 달라질 수가 있다는 걸 깨달아요. 지금 이 글을 보고 계신 당신은 하고 싶은 일이 있으신가요, 꿈이 있으신가요.

많은 사람들이 물어옵니다. 하고 싶은 게 있냐고, 또 꿈은 뭐냐고. 다른 사람들을 보면 온통 그럴듯한 이유들로 자신이 하고 싶은 일과 멋진 포장지를 두른 꿈을 내세우곤 하더라고요. 그런 걸 보면 멋있어요, 정말로. 그런데 한편으론 그런 걱정도 들게 됩니다. 나는 왜 하고 싶은 게 없을까 왜 꿈이 없을까라는 생각들 말이에요.

혹시 꿈이라는 것이 꼭 아름답게 포장해야만 하고 누군가에게 들켜버렸을 때 언제나 인정받아야 한다는 생각을 하고 있지는 않으신가요. 그렇다면 제 생각엔 말입니다, 당신은 꿈이 없고 하고 싶은 게 없는 것이 아니라고 생각합니다. 분명 마음속 한 켠엔 지금 생각하고 있는 그 무언가가 존재할 거라고 믿습니다. 그 무언가가 거창한 것이 아니라도 좋아요. 그럴듯해 보이지 않아도 좋아요, 눈치 보지 말아요.

그렇다고 해서 꿈이 꼭 있어야 한다는 건 아닙니다. 꿈이 없어도 좋아요, 대신 왜 살아가고 있는지 분명하게 이유를 갖고 있어야 합니다. 어떤 걸 하면 내가 행복한지 어떤 걸 해야 행복할 수 있을지 끊임없이 고민해야해 한다는 거죠. 지금 이 순간에도 붙잡을 수 없는 것들은 계속해서 흘러가니까.

무언갈 하고 계신다고요. 그런데 불안한 마음들이 들지는 않으신가요. 잘하고 있는 건가 고민되진 않으신가요. 사실 일을 시작하면서도 잘될까라는 의문과 잘 안되면 어떻게 하지라는 의심과 망하면 안 되는데라는 걱정들이 함께 합니다. 하고 싶은 일들을 하는 중이라고 그렇게 평생을 살 것이라고 말을 하지만 그렇게 말을 하는 동안에도 불안함과 의심이 조금은 존재합니다. 하지만 불안함과 의심들은 무작정 저질러 버리는 행동 앞에 모습을 감추는 것 같습니다. 막상 일을 시작하면 그런 생각들이 전혀 들지 않으니까요. 이렇게 보니 무작정 저질러 버리는 게 답이긴 한 것 같습니다. 제가 느낀 바로는 잘하고 있는 건가 싶을 때면 대체로 잘 해내고 있을 때더라구요. 하고 싶은 일들을 하면서 살아가는 게 얼마나 멋진 일인지. 다양한 색을 만나며, 나만의 색을 찾아간다는 게 얼마나 벅찬 일인지 알게 됐으면 좋겠습니다.

머무르고 주저하던 순간은 분명 후회와 미련으로 남을 테지만, 내딛는 발자국은 절대로 부끄럽지 않을 겁니다.

그럼에도
불구하고

행복하게 삽시다, 하고 싶은 거 다 하면서.

무언갈 시작할 때, 비난이 두려우신가요. 다른 사람들의 시선이 무서우신가요. 도전을 비난하는 대부분의 사람들의 특징과 그들의 한결같은 공통점은 도전하지 않는다는 것입니다. 그들은 자신의 도전에 열중하기보다 남의 도전에 집중을 하는 경향이 있습니다. 그걸 깎아내리며 자신이 높아질 것이라는 생각을 하지만 현실은 정반대조. 애초에 비난이라는 것은 귀가 아니라 발로 듣는 것입니다. 비난을 어떻게 받아들이냐에 따라 딛고 일어서느냐, 발목 잡히느냐가 달라지겠죠.

저는 글을 씁니다. 책을 만들고요. 또 나아가서는 커피를 음악을 영화를 내리고 만들며 살아갈 겁니다. 행복해요, 정말로요. 죽을 만큼 행복해요. 하고 싶은 일을 한다는 것과 좋은 사람을 만난다는 것이 이리도 좋을 수 있을까요. 아 죽기 싫어요, 더 더 더 오래 이 일을 하고 싶어요. 더 오래 이 사람들과 함께 하고 싶어요. 내 일을 사랑해요, 분명 내일도 행복할 거예요. 시간을 쪼개고 쪼개도 부족할 만큼 해야 할 일들이 많아져서 매일 2-3시간씩 잠을 자요. 그럼에도 불구하고 행복할 수밖에 없는 이유는 하고 싶은 것들을 하기 때문이라고 확실하게 대답할 수 있어요. 잠에 들기 위해 침대에 눕는 순간에도 내일 또 이 일을 할 수 있겠구나 라는 생각에 가슴 벅찬 꿈을 다시 한번 꾸게 되고요. 눈을 뜨는 순간에도 이

일이 기다리고 있구나라는 생각에 모든 순간이 설렙니다. 이런 상태라면 저는 평생을 이렇게 살아갈 수 있을 것 같습니다.

저는 저를 사랑해요.
제 삶을 사랑해요.
제 자신을 응원합니다.

이런 저도 죽을 만큼 행복하니.
당신도 꼭 가슴 벅찬 무언가를 찾길 바라겠습니다.
마지막으로 하나만 기억하십쇼.
당신은 당신이라서 아름다운 겁니다.

그러니 어디서든 빛날 겁니다, 꾸준히 행복하시고.

의미

그럼에도
불구하고

삶을 기록해보고 싶어 쓰게 됐고,
기억하고 싶은 오늘이 많아지는 일.
넘어질 때마다 아파했고,
내 아픔이 누군가를 위로하는 일.
기쁜 일이 잦아졌고,
잔뜩 취하는 날이 많아지는 일.
하고 싶은 일들을 하는 중인데,
행복은 결국 내 안에 있다는 걸 깨닫게 된 일.
예술한답시고 한 일인데,
결국 삶 자체가 예술이라는 걸 알게 된 일.
글 쓰는 일보다는 맘 쓰는 일을 더 좋아하게 된 일.
애쓰며 살아가지 않으려고 노력하게 된 일.
쓰고 쓰고 또 쓰다 보니
인생은 쓴맛이 아니라 달다는 걸 알게 된 일.

힘든 나날을 보내고 있을 때면,
괜찮은 삶이라 생각했건만 부딪히는 순간 순간들마다
온전한 나를 마주하게 되어 부끄러워질 때가 많습니다.
잘될 거라 믿고 나아가는 순간들에도
불안함은 계속될뿐더러.
곁의 수많았던 사람들은 모두 떠나
없다는 느낌마저 강하게 듭니다.
혼자라는 게 이렇게 외롭고도 슬픈 일이었다니요.
사랑한다고 말했던 것들은 모두 떠나갔고
영원하자 했었던 것들은 모두 사라져버렸으니

당연한 일인 걸까요.
당연해지는 일들이 많아지는 가운데
별일 없는 하루들이 어쩔 땐
너무나도 다행스러운 존재로 다가올 때가 있습니다.

다행입니다, 이 말을 내뱉을 때면
마음속 걱정과 고민들이
안도와 한숨으로 바뀌게 된다고 생각합니다.

다행입니다.

그러니 저는 다시 한번 수많은 다짐을 합니다.
꾸준히 생각하고 그걸 이룰 행동을 합니다.
다시 삶을 살아갈 것입니다.
저는 저대로 살아갈 예정입니다.
그 일이 나에게 주어진 건 모두
어떤 "의미"라는 게 있어서 일 것입니다.
가령 "의미"라는 것이 지금 당장은
부당하고 불합리하게 보여도,
결국 내가 그 "의미" 안에서 얼만큼 만족하느냐,
얼만큼 "의미" 안의 "의미"를 찾느냐에 따라
삶이 달라지겠지요.

그런 의미에서 저는 자주 넘어지는 편입니다만,
자꾸 일어나려고 노력하다 보니

그럼에도
불구하고 ————

몇 권의 책을 만들게 됐습니다.
그리고 행복을 찾게 됐고요.
당신은 어떤 편이십니까.

함께
할 수 있을 때

전해야 합니다

그럼에도
불구하고 ───────

분명 집 밖을 나서기 전에 챙겨야 할 것들을 기억하고 있었고 꺼내 놓기까지 했었는데, 챙기지 못하고 여행을 떠나버렸습니다. 버스는 출발했고, 출발한 버스에서 그 물건들이 생각났습니다. 때는 이미 늦었고 그 물건 없이 여행을 떠나야만 했습니다. 물론 여행을 떠나는 데에 큰 지장은 없었지만, 그 물건이 필요할 때마다 두고 온 내가 바보 같다는 생각을 했고 어딘가 불편했습니다. 표현도 똑같습니다. 떠난 뒤엔 아무런 소용이 없다는 걸 나이가 들어가며 깨닫게 됩니다. 표현을 하지 않는다고 해서 사는 데 그리 큰 지장은 받지 않겠지만, 그 존재가 없어졌을 때. 우리는 평생 그 부재를 온몸으로 느끼며 살아갈 것입니다. 옆에 있을 때 말해야 합니다. 함께 할 수 있을 때 전해야 합니다.

사랑한다고 고맙다고.

아름다움

그럼에도
불구하고 ―――――

말도 안 되는 일들이 가끔 일어나기도 합니다.

온전히 내 하루인데, 인생인데 누군가의 말 하나, 행동 하나로 내 기분이 이상해지고. 하루가 꼬여버리는 일들 말입니다. 여러 가지 상황에서 그런 일들이 벌어지곤 하죠. 특히나 나를 미워하는 사람들과 부딪힐 때면 그런 말도 안 되는 일들이 종종 벌어지기도 합니다. 또 나를 미워하는 사람들뿐만 아니라, 나를 시기하고 질투하고 무시하는 사람들 덕분에도 하루 전체가 꼬여버리는 일들이 일어나기도 합니다.

그런 하루들이 쌓이고 쌓이다 보니 저 스스로 무너지고 자책하게 되는 시간들이 많아지더군요. 그런 날들이 많아질수록, 익숙해질수록 나를 미워하는 사람들을 닮아가더라고요. 똑같이 날 미워하게 되고, 똑같이 날 무시하게 되고, 똑같이 나를 한계에 가두게 되더군요. 그렇게 혼자 더욱 불안해하며, 현재를 그리고 미래를 걱정하는 나날들이 늘어갔습니다. 불안과 걱정의 가장 큰 공통점이자, 가장 큰 단점은 스스로를 초라하게 만든다는 것이더라고요. 그렇게 초라해질수록 나를 더욱 미워하고 무시하게 되는 악순환이 계속 되었구요.

그런데요. 가장 아름다운 것들은 결국 내 안에 있다는 사실을 알게 된 순간 나를 미워하는 사람들부터 나를 무시하는 사람들까지 그 모든 것들이 아무것도 아닌 게 되더라고요. 대부분의 사람들은 제대로 알지 못하면서 다 안다는 듯이 말하곤 합니다. 신경 쓸 필요 없다는 말입니다. 우린 우리만의 길을 가면 된다는 말입니다.

아무것도 모르면서 다 안다는 듯이 말하는 건,
경험하지 못해본 것들을
지레짐작하는 심각한 오류를 범하는 건.
죄에요.
범죄에요.
무지에요.
수치에요.
악입니다.

그것들은 결국 내 주위를, 또 나를 밝혀줄
어둡고 부정적인 존재들 중 하나일 뿐입니다.
대부분 날지 못하는 이들은 하늘을 원망하곤 하더군요.
그러니 날지 못하는 이들의 말까지
신경 쓰지 않으셔도 됩니다.

누군가 나를 미워하는 것들을 두려워하지 않으니, 삶이 밝아지더라고요. 내가 더욱 아름다워지더라고요. 가끔은 눈뜨면 사라질 감정들을 정성스레 돌볼 필요가 없습니다. 순간의 감정에 휘둘려, 잠깐 머물다 떠나는 아픔에 나를 정말로 아프게 만들지 않아야 합니다. 조금 더 삶을 사랑해보는 것입니다. 나를 믿어보는 것입니다. 아름다운 건 누가 정해주는 게 아니더라고요. 스스로 만들어가고, 스스로 아름다운 존재라고 되뇌이는 것이지요. 그러다 보면 진정으로 아름다워지더라고요. 그러니 스스로 뽐내지도 드러내려 하지도 않으셔도 됩니다. 이제껏 제가 겪은 아름다움들은 말이 없었습니다.

여전히 그리고 충분히 아름답습니다.
인생이요.
당신이요.
당신 삶이요.

그렇게 살다 보면요. 나를 무시했던 사람들이 달라지더라고요. 하지만 절대로 사람은 변하지 않습니다, 태도만 바뀔 뿐. 과거에 나를 무시했던 그 사람은 지금도 나를 무시할 것입니다. 물론 내가 올바르고 조금 더 뛰어난 길을 걷고 있다면, 그에 맞는 태도를 보이겠지요. 나에게 착하지 않았던 사람이 착하게 군다면, 분명 당신은 전보다 더 나은 삶을 살아가고 있음이 확실합니다. 잘하고 계신 겁니다.

불평을 내뱉다 보면, 불평을 들을 날이 생기고.
힘을 주다 보면, 힘을 받을 날이 생기더라고요.
뭐든 내가 한 만큼 돌아오는 것 같습니다.
바르게 살아갑시다, 언젠가 나에게 돌아올 테니.
저는요, 모든 노력을 믿습니다.

축하

그럼에도
불구하고 ———

마땅히 축하받아야 할 일들입니다.
살아온 것들과 해내온 것들,
지켜가며 버텨낸 것들,
꿈꾸는 것들과 이뤄가는 것들,
사랑하는 것들과 곁에 있는 것들,
당신의 삶 안에 있는 모든 것들이
축하받을 일들입니다.
사랑받을 일입니다.
가슴 벅찬 일입니다.
존재만으로도 축하받아야 할 일입니다.
어떤 생각을 하고 계십니까.
그 맑은 눈망울엔 무엇을 담고 계시는 중인가요.
꿈이라는 말과 사랑이라는 말이
얼마나 가슴 벅찬 단어인지 알고 계신가요.
모르셔도 좋습니다.
제가 감히 바라건대 행복했으면 좋겠습니다.
언제나 여행을 꿈꾸며 살아가셨으면 좋겠습니다.
당신의 모든 일상이 여행 같기를 바라겠습니다.
그렇게 여행을 하다가 하늘을 올려다보고
빛나는 것을 찾게 됐을 때,
알게 됐으면 좋겠습니다.
반짝거리는 건 하늘에만 있는 것이 아니라는 걸.
더 밝게 빛나고 있는 건 내 안에도 있었다는 것을.
빛날 수 있는 이유는 충분하다는 것을.
그럼 그때까지 아프지 않기로 합시다.

나

그럼에도
불구하고 ─────

외모도 그럭저럭, 재능도 뛰어나진 않고, 말은 많고, 사람을 좋아하지만 사람에게 상처를 많이 받고, 가지지 못한 것들을 가지고 싶어 하고, 부러워하는 것들이 참 많고, 하고 싶은 것들이 너무 많고, 가끔 부정적인 생각을 할 때도 있고, 일을 크게 벌려놓곤 한다.

이런 모습들, 모두 나.

허나 이런 모습을 싫어한 적이 있다.
뭐 하나 특출난 것들이 없다는 생각에
나를 미워했다.
힘껏 사랑할 수도, 사랑하는 걸 두려워하는
나를 미워했다.
관계를 유지하는 게 힘들다고 툴툴거리는
나를 미워했다.
나는 그 자리 그대로 눈부시도록 빛나고 있었는데,
나에게 집중하지 못한 나는
나를 미워했다.

나를 미워한 시절을 미워하진 않는다.
지금이라도 내가 나를 사랑하게 되었으니.
그리고 언제 그랬냐는 듯이 또 잘 해낼 거다.
그리고 이런 나라면, 언제라도 행복할 거다.

불행

그럼에도
불구하고 ───────

> "불행은 엄연한 사유재산이다.
> 불행도 재산이므로 버리지 않고 단단히 간직해둔다면
> 언젠가 반드시 큰 힘이 되어 나를 구원한다."
> - 소노 아야코 '약간의 거리를 둔다'

이 글을 보고 가슴이 쿵 하고 울렸는데, 이유는 간단하다. 불행이 사유재산이라는 말, 언젠가 반드시 큰 힘이 될 것이라는 말. 누군가는 무슨 말도 안 되는 소리냐고 할 수도 있겠지만. 내가 느끼는, 또 내게 와닿은 저 문장은 확실히 달랐다. 분명히 소노 아야코의 말처럼 불행도 사유재산이고, 불행도 경험이다. 덧붙여 한 가지 확신하는 것은, 불행이라는 게 존재한다면 반드시 행복과 행복 사이에 껴있을 것이라는 생각.

불행은 다양한 형태로 다가오니까. 그 형태도 시기도 예측할 수도 없다. 미리 방지할 수 있는 것들을 우리는 불행이라고 부르지는 않으니까. 예고하며 다가오는 것들이 불행은 아니니까. 행복의 반대말이 불행은 아니니까. 불행이라는 것은 나에게도 또 내 주변에게도 언제든지 올 수 있다.

나 역시도 그런 불행이 수도 없이 다가온 하루가 있었다. 시작하려던 일이 시작부터 망해버려서 꽤나 큰 위약금을 물어줘야 했던 날. 위약금을 물어줘야 된다는 생각에 휩싸여 부정적인 생각이 가득할 때, 걸려온 전화에선 헤어지자는 여자친구의 말. 위약금과 이별을 안고 거리를 걷다 당한 교통사고. 그리고 듣게 된 가까운 누군가의 입원 소식. 하나씩 다가와도 벅찰 불행들이 하루에, 순식간에, 한꺼번에 다가오니. 정신을 차릴 수가 없었다. 어떤 일부터 마음을 추스려야 하나 싶기도 했고, 어떤 일부터 나를 괜찮다고 다독여야 되나 싶었다. 불행은 그렇게 갑자기 한 번에 다가오기도 했다. 아무 말도 없이. 아무런 대책도 없이 말이다. 지나고 나서야 하는 말들이지만. 그런 불행들이, 그 날 한꺼번에 다가오지 않았더라면 더욱 이겨내기 힘들었을 것이다. 더 오랜 기간 불행했을 것이고, 이겨내기 위해 더 오랫동안 발버둥 쳤을 것이다. 나는 신을 믿지 않지만, 언제나 불행의 총량이 있다고 생각한다. 그리고

그 불행의 총량은 내가 감당할 수 있을 만큼만 주어진다. 그리고 책임감 없는 말로 들릴지 모르겠지만. 그렇게 주어지는 불행도 아픔도 상처도 곤란함도 어려움도, 내가 스스로 해결할 수 없다. 이 모든 것들은 결국 시간이 해내는 일들이다. 시간이 해결해주고 계절이 이끌어준다. 결국에 내가 해야 할 몫은 기다리는 시간 동안 마음을 추스리고 다가올 계절을 맞이하고 딛고 일어날 힘을 기르는 것들. 나는 내가 당한 이런 불행들을 가지고 강연을 다니고 글을 쓴다. 밑거름이 된 것이다. 내 재산이 되어버린 것이다. 운명의 장난일지는 모르겠지만, 불행했음이 밑거름이 되었고, 불행했음을 감사하게 된 것이다.

그럼에도
불구하고 ─────

이런 경험들이 있었기 때문일까. 나는 불행을 비롯한 좋지 않은 경험들에 대해 굉장히 관대하고 긍정적인 태도를 갖고 있다. 그 순간 다가온 것들은 부정적일지 몰라도 분명히 나에게 밑거름이 되어, 나를 단단히 받쳐줄 것이라고 믿기 때문이다. 다가온 불행이 지금 당장이야 안 좋은 일로 여겨질지 모르겠지만. 두고두고 꺼내 들려줄 이야기거리라도 될 수 있으니. 그렇게 다가온 불행이라는 것들이 나에게 반드시 부정적인 영향만을 안겨주는 것은 아니라고 생각한다. 주저앉아 있을수록 일어설 때 힘든 법이니까. 불행이 다가오는 진정한 목적은 그렇게 절망하고 힘든 삶을 살라고 다가오는 것이 아니다. 다가온 부정마저 긍정으로 바꾸어 버리는 순간, 불행 역시 나를 위한 것이라고 생각하게 되는 순간, 우린 비로소 인생의 새로운 페이지를 채워갈 수 있다.

사기꾼

그럼에도
불구하고 ───────

다들 저마다 숨기고 있는 것이 하나씩은 있잖아,
어쩌면 우린 모두 사기꾼일지도 몰라.
아니야, 숨기는 게 많을수록 아프다는 소리야.
어쩌면 우린 모두 환자일지도 몰라.

우린 모두 아프거든.
아프지 않은 사람이 없어.
아픈 사람이 아픈 사람을 위로하고,
아픈 사람이 아픈 사람을 사랑하고,
아픈 사람이 아픈 사람을 안아주는 거야.
그러면 신기하게도, 아프지 않게 돼.
아니, 그 순간 자신이 환자라고 생각하지 않게 돼.
삶에 긍정이 샘솟아.

아플수록 사랑해야 해,
위로해야 해,
안아줘야 해.

눈치

그럼에도
불구하고 ───────

내가 제일 좋아하는 것이 무엇인지는
내가 제일 잘 알고 있다.
내가 가장 즐기는 것이 무엇인지,
오늘은 어떤 것이 잘 어울릴지,
내가 속속들이 나에 대해
이미 파악해놓았다는 말이다.

모순

그럼에도
불구하고 ———

사람은 변한다.
— 무언가를 얻으려는 처음 마음과 얻고 난 후의 마음 때문일까. 위치에 따라 가진 자격과 능력에 따라 사람은 변한다.

사람은 변하지 않는다.
— 한 번 배신했던 사람은 똑같이 배신하게 된다. 순간의 감정들이 변할 뿐 사람은 변하지 않는다. 모든 게 바뀌어도 변하지 않는 본성이 있다. 사람은 변하지 않는다.

세상은 좁다.
— 절대 마주치지 않을 것 같았던 사람과 마주치게 된다. 그것도 엄청난 우연으로. 밀접한 관계로 마주하게 된다. 건너 건너 알고 보면 우린 모두가 엮어져 있다. 세상은 좁다.

세상은 넓다.
— 경험해보지 못한 것들이 많다. 죽을 때까지 세상의 모든 경험을 겪어보지 못한다. 세상의 모든 사람을 만나볼 수조차 없다. 내가 모르는 세상은 언제나 존재하고 나보다 대단하고 잘난 사람은 어디에든 존재한다. 세상은 넓다.

인생은 짧다.
— 즐기기에도 모자란 인생이다. 걱정할 겨를이 없다.

슬퍼할 겨를이 없다. 돌이켜보면 세월은 빠르고 시간은 계속해서 빠르게 흘러간다. 낭비하는 동안에도 시간은 흘러간다. 하고 싶은 것들만 해도 시간이 모자라다. 인생은 짧다.

인생은 길다.
— 하루는 짧아도 인생은 길다. 젊음은 한순간이지만 인생은 길다. 즐기는 건 금방이지만 언제까지고 즐기기만 할 순 없다. 시간은 빨리 흘러가지만 남은 시간은 상대적이다. 좋은 시간은 빨리 가지만 싫은 시간은 느리게 간다. 인생엔 좋은 시간만 존재하지 않는다. 계획적이게 살아야 한다. 인생은 길다.

저는 그렇습니다. 인생은 언제나 이중적이고 모순적인 태도로 살아가야 한다는 생각입니다. 일관된 모습과 통일감 있는 태도는 안정을 주기도 하지만, 그건 어디까지나 정해져 있는 틀 안에서만 적용되는 법칙일 뿐이니까요. 삶은 언제든 다양한 모습으로 우리 앞에 등장하기에, 모순적인 태도를 갖추고 살아간다는 건 굉장히 중요한 일입니다.

그래서 저는요. 스스로를 부족하다 말하지만 속으로는 언제나 자부심을 가지고 살아갑니다. 시린 계절이 계속될수록 서로를 안아주는 방법을 배우게 될 것이라 생각합니다. 차가운 세상 속에서 따뜻한 문장을 드리고 싶습니다. 소박한 낱말들로 근사한 문장을 만들고 싶습니다. 사람에게 상처를 받지만 결국엔 사람에게 위로받는 삶을 살아가구요. 완벽해야 한다는 생각으로 삶을 대하는 편이지만, 오늘 들고나온 우산이 내일은 필요가 없을 수도 있다는 생각에 가끔 하루를 대충 흘려보내기도 합니다. 언젠가 이 평범한 모든 것들을 영화로 만들 것이라는 꿈을 꾸기도 합니다. 언제나 오래된 것들과 새로운 것들 사이에 서 있습니다. 새로운 것들에게 두근거림을 동반한 여러 가지 감정들을 느끼며 오래된 것들을 잊어버리기도 합니다. 그렇지만 새로운 것들에게 상처를 받을 때면, 가장 힘들 때면 다시 오래된 것들을 찾아 위로받기도 하고요.

두근거림을 동반한 여러 가지 감정들은 우리를 항상 새로운 것들에게 흥미를 느끼게 만듭니다. 가끔은 새로운 것들에게 오래된 것들이 묻히게 되는 경우도 있습니다. 묻힌다기보다 잊혀진다는 표현이 정확하겠군요. 오래된 것들은 걱정하지 않습니다. 스스로 상처받는 경우도 드뭅니다. 결국 상처는 새로운 것들에게 받게 되니까요. 상처를 받고 안길 품 역시 오래된 것들이니까요. 결국 우린 이런 밤이면, 가장 힘들 때면 오래된 것을 찾곤 하니까요.

팔과 손이 두 개인 이유는 누군가를 두 팔 벌려 따뜻하게 안아주기 위해서, 사랑하는 사람의 손을 잡기 위해서, 넘어진 사람에게 손을 내밀기 위해서입니다. 차가운 세상 속에서 언제나 따뜻하게 삽시다, 모두의 온도가 올라갈 수 있도록. 어제의 과오를 안고 살아가기보단 오늘의 즐거움을 찾아가며 살아가자구요. 평범한 삶 속에서도 특별한 행복들을 맞이하며 살아가자구요.

목이 막혔다

그럼에도
불구하고 ─────

연남동, 경의중앙선을 타고 가면 50분 거리. 예전에 기차가 다녔던 흔적이 있는 곳. 더이상 기차는 다니지 않고 기찻길은 메꿔져 나무가 길게 펼쳐진 동네. 그 길 주변으로는 카페와 술집이 적절히 섞여 있는 동네. 더 안쪽으로 들어가면 개성이 넘치는 동네. 사람이 사는 동네. 왜 그런지 모르겠지만, 예술이라는 단어가 어울리는 동네. 연남동. 발음마저 예쁜 동네.

그 길을 걸을 때가 많았다. 그 동네에 갈 기회가 많았다. 계약서를 쓰기도 했고 사랑을 하기도 했고 여유를 즐길 때도 있었다. 가끔 꿈을 심어놓고 올 때도 있었다. 이곳에 살겠다고. 이곳에서 조그만 카페를 차릴 것이라고. 심어놓은 꿈들은 아직도 자라나는 중이다.

오랜만에 대전에 내려가기 전, 연남동엘 갔다. 예쁜 건물에 위치한 개성 넘치는 카페에 앉아 글을 썼다. 커피를 마셨고, 직접 만든 갓 구운 빵을 먹었다. 버터를 바른 빵은 고소했고 목이 막혔다.

생각해보니 목이 막혔던 적이 한 두 번이 아니다. 처음 사랑, 아니 좋아하는 감정을 느꼈던 여자아이에게 마음을 전하려고 마음을 먹은 순간에도 목이 막혔고. 공부보다 노는 게 더 좋았던 시절, 평소보다 훨씬 많이 놀아 훨씬 낮은 점수가 적혀 있는 성적표가 나온 날, 엄마 앞에서도 목이 막혔고. 꿈이 있냐는 질문에, 하고 싶은 게 뭐

냐는 질문에, 구체적으로 어떻게 살아갈 것이냐는 질문에 목이 막혔던 적도 있고. 사랑했던 사람이 죽음으로, 이별로 내 곁을 떠나갔을 때도 목이 막혔고. 서울을 동경하던 대전 촌놈이 처음으로 한강을 본 날에도, 그 한강 위를 지나갈 때도 목이 막혔다. 목이 막히는 순간마다 얼굴이 빨개지기만 했던 적도, 얼굴이 빨개져 말이 나오지 않게 된 적도, 말이 나오지 않아, 눈물이 나온 적도 있었다.

목이 막히는 순간은 왜 그리도 눈물이 나는 순간으로 기억될까. 왜 눈물이 나는 순간은 아름답게만 그려질까. 목이 막히면 눈물이 나는 걸까. 눈물이 나기 전이면 목이 막히는 걸까.

한강을 보는 일이 잦아질수록, 하고 싶은 일들을 하나하나 이뤄갈수록, 이별하게 되는 사람이 사랑하게 될 사람보다 많아질수록, 죽은 사람을 점점 더 알게 될수록, 가까운 사람보다 멀어지게 되는 사람이 많아질수록. 사람을 좋아하는 일이 어려워졌다. 만남이 소중해져만 간다. 표현이 줄었고 표현이 중해졌다.

오랜만에 온 집엔 밤 12시가 되어서야 도착했다. 엄마는 자다가 날 맞아줬고 복숭아를 깎아줬다. 복숭아를 먹다가도 목이 막혔다. 달아서, 복숭아가 제철이라서. 목이 막히다가 눈물이 흘렀다.

그럼에도
불구하고 ————

달다, 달아.

서울이 익숙해질수록, 대전이 그리워질수록, 식당 밥이 맛이 없어질수록, 집밥이 생각날수록 무언가 잃어가는 게 많아질수록, 남아있는 게 더욱 소중해질수록, 가을이 짧아질수록.

사람을 좋아하는 일이 힘들어지지 않기를 바란다. 만남이 조금 더 소중해지기를 바란다. 아픈 일들이 조금은 덜 해지길 바란다. 노을이 조금 더 길어지길 바란다. 죽은 사람들이 조금 더 기억되길 바란다. 사랑이 늘어나길 바란다. 이별이 줄어들길 바란다. 가끔 내 생각을 해주길 바란다. 오랫동안 습관이 되길 바란다. 바람이 이뤄지기를 바란다.

더이상 목이 막히지 않길 바란다. 하고 싶은 이야기가 많아지길 바란다. 다음번에 만날 때에도 건강하길 바란다. 더 많은 꿈이 생기길 바란다. 걱정하던 일들이 아무렇지 않게 지나가길 바란다. 그렇게 지나간 일들이 더이상 당신을 괴롭히지 않기를 바란다. 사랑받는 일들이 잦아지길 바란다. 그렇게 잦아진 사랑이 조금 더 당신을 행복하게 해주기를 바란다.

우리가 우리일 때 조금 더 아름다워지길 바란다.
간절히 바란다.

행복

그럼에도
불구하고 ————

감추고 싶은 것들이 많아진다.
나약함을 들키기 싫었고 부족함을 보이기 싫었다.
더 나은 사람이 되어야 했고
더 좋은 사람으로 보여야 했다.
끊임없이 재촉하고 나아가야 했다.
삶은 나아갈 때 의미가 있다고 생각했고
멈춰있는 것은 죽은 삶이라 생각했다.
쓰지 않던 모자를 푸욱 눌러 쓰기 시작했고.
양말을 더욱 올려 신었다.
나는 보이지 않는 존재가 되었고
마음을 감추는 법을 알게 되었다.
내가 나를 없애버렸고
나는 죽었다.

그럴수록
말로 하는 말을 믿지 말고
글로 쓰는 글을 믿지 말 것.
생각 없는 행동을 믿지 말고
행동 없는 생각을 믿지 말 것.
넘어질 수 있으니 뛰지 말 것.
되도록이면 천천히 걸어갈 것.
걸어가며 보폭을 넓히고 생각을 키우고.
사람을 곁에 둘 것.
배려는 몸 안 깊숙한 곳에 넣어두고.
흔들려도 부러지지 않을 신념을 만들 것.

세상은 넓으니 끊임없이 도전할 것.
그리고 행복할 것.
삶을 사는 궁극적인 이유는 행복이니.

잣대가 사라지는,
기준이 무너지는 세상이 왔으면 좋겠다.
비교가 더이상 용납되지 않는 곳이 생겼음 좋겠다.
더이상 타인의 잣대에 사라지지도,
세상이 정해놓은 기준에 무너지지도 않는 사람이
되었음 좋겠다.
용납된 비교에 아파하지 않았음 좋겠다.
행복해지는 방법을 알게 됐으면 좋겠다.

나는 나로.
너는 너로.
우리는 우리로.
그렇게 각자의 행복대로 살아간다면 참 좋겠다.

상현엄마

그럼에도
불구하고 ─────

올해는 김장을 못 했어, 배춧값이 비싸서.
글쎄 배추 한 포기에 7,500원이라니까.
그래서 오이소박이만 담궈놨어.
오이는 3개 3,300원이더라,
예전엔 3개에 1,000원이었는데 말야.
뭐 필요한 건 없구? 반찬은? 밥은 잘 먹고 다니지?
어딜가든 눈치껏 행동해, 밉보이지 말구.
실수하지 않게 차근차근.
이거 한 번 먹어봐, 간 좀 봐줘.
화장품? 됐어 엄마 피부랑은 안 맞네요.
옷? 무슨 옷이야, 입고 다닐 데가 어딨다구.
상현아, 나는 네가 조금 더
평범한 삶을 살았으면 좋겠어,
아니 평온한 삶을 살았으면 좋겠어.
너는 나보다는 더 나은 삶을 살아갔으면 좋겠어.
걱정 없는 삶.
적어도 돈이 너를 괴롭히지 않았으면 좋겠어.
잘 살아, 잘. 행복하게.

그냥 꽃을 보면.
좋은 걸 보면 또 맛있는 걸 먹으면
요즘엔 당신이 생각이 난다.
예전과는 다르게 모든 걸 함께할 수 없기에
일상을 사진에 담아 나눈다.

그런 오늘, 길거리에 벚꽃이
너무나도 화사하게 피어있어서
사진을 찍어 상현엄마에게 보냈다.

상현엄마는
"봄은 눈만 돌리면 어디든 꽃이야~"라는 답변과
점심을 먹었는지를 묻는다.
봄은 눈만 돌리면 꽃이다.
입안에 맴돈다.

어느 계절에도 그 자리를 지키고 있던 존재가
그때는 몰랐던 아름다움을 봄이면 드러낸다.
나 이만큼 아름다웠다고 추웠던 날을 잊으라고.
추운 계절에도 나는 당신 덕분에
추위를 모르고 따뜻한 계절인 줄 알고 지냈다.
당신의 행복이 나란다.

상현엄마, 당신도 따뜻했으면 좋겠다.
이번 당신의 생일엔 봄을 선물해드리고 싶다.

그럼에도
불구하고 ─────

그럼에도 불구하고

축하해,

당신의 모든 것들을.

모든 불확실성과 수많은 만약 속에서
살아가는 존재에게 확실한 사실 한 가지.

그럼에도 불구하고라는 단어로
우린,
이겨낼 것이라고
살아낼 것이라고
나아갈 것이라고
또 그렇게 믿고 있고 해낼 예정이라는 것입니다.

사실 이곳엔 별것 없습니다.

그렇지만 삶이 아무리 퍽퍽하더라도 힘이 되는 문장
하나씩은 가슴 속에 품고 있어야 하지 않겠습니까.
나는 당신 마음을 조금 어루만져 줄 테니.
당신은 여기서 울고 가셔도 좋습니다.
나는 그런 공간입니다.
대신 울고 나면 언제 그랬냐는 듯이 꽃 피우듯
웃어주고 가신다면 나는 또 이곳에서 기다리겠습니다.

죽을 것같이 힘든 순간에도 저는
"그래도 힘냅시다,
우리에겐 '그럼에도 불구하고.'라는 단어가 있잖아요."
라고 외칠 예정입니다.
힘내라는 말이 역겨워지는 순간에도 외칠 것입니다.
삶이 낭떠러지에 다다랐다고
생각이 드는 순간에서도 외칠 것입니다.

결국, 당신이 모든 걸 견디고 버텨내고
나아가는 순간 떠올렸던 게
'방황했던 순간에도 나에게 힘을 내라는 존재가 있었다.'
라는 것이라면,
저는 행복해질 것입니다.
설령 떠오르는 존재가 되지 않을지라도
저는 외칠 수 있다는 것만으로도 행복함을 느낍니다.

끝까지 당신 곁을 지키는 문장을 만들고 싶습니다.

변변치 않은 이 문장들로,
호수 같은 당신의 마음에
돌멩이 하나를 던지고 싶습니다.
그럼 당신의 가장 깊숙한 곳까지 타고 내려가,
마음속 가장 끝자리에서 위치하게 될 문장이 되겠지요.
저는 그런 문장들을 쓰고 싶습니다.
울림이 있으면 좋겠습니다.
기억되는 글이 되고 싶습니다.
가슴 속에 찡한 무엇인가가 되기를 원합니다.

우리에겐 '그럼에도 불구하고.'라는 말이 있으니.
삶의 모든 것이 나를 배반했다고 느낄 때에도
다시 한 번 저는 그 말을 믿겠습니다.

그러니 그럼에도 불구하고 부디 행복하십시오.

2017, 김상현

그럼에도
불구하고
ⓒ 김상현 2017

초판 1쇄 발행	2017년 10월 25일
5쇄 발행	2019년 6월 10일

지은이	김상현
디자인	박수진
책임	김기용
인쇄·제본	창원문화사

펴낸곳	필름 feelm
주소	대전광역시 서구 정림로 11
전화	010 2028 5255
메일	feelmbook@naver.com
등록번호	제 2016-000019호
등록일자	2016년 6월 13일
ISBN	979-11-88469-06-2

· 이 책의 판권은 지은이와 필름에 있습니다.
· 이 책 내용의 전부 또는 일부를 재사용하려면
  반드시 양측의 서면 동의를 받아야 합니다.
· 고장난 책은 바꾸어 드립니다.
· 책값은 뒤표지에 있습니다.

이 도서의 국립중앙도서관 출판시도서목록(CIP)은 서지정보유통지원시스템
홈페이지(http://seoji.nl.go.kr)와 국가자료공동목록시스템
(http://nl.go.kr/kolisnet)에서 이용하실 수 있습니다.(CIP제어번호 : 2017024542)

이 책에 쓰인 일부 폰트는 (사)세종대왕기념사업회에서 개발한 문화바탕체입니다.